LA VIE OUVRIÈRE

OUVRIERS PARISIENS

D'APRÈS-GUERRE

Observations vécues

PAR

JACQUES VALDOUR

ARTHUR ROUSSEAU
ÉDITEUR
14, rue Soufflot et 13, rue Toullier
PARIS

RENÉ GIARD
ÉDITEUR
2, RUE ROYALE, 2
LILLE

1921

OUVRIERS PARISIENS

D'APRÈS-GUERRE

LA VIE OUVRIÈRE

OUVRIERS PARISIENS

D'APRÈS-GUERRE

Observations vécues

PAR

JACQUES VALDOUR

ARTHUR ROUSSEAU
ÉDITEUR
14, rue Soufflot et 13, rue Toullier
PARIS

RENÉ GIARD
ÉDITEUR
2, RUE ROYALE, 2
LILLE

1921

OUVRIERS PARISIENS

D'APRÈS-GUERRE

INTRODUCTION

Bien peu nombreux, ceux qui s'intéressent à la vie des ouvriers. Sa grossièreté blesse les intellectuels, les bourgeois et les gens « distingués » ; les problèmes menaçants qu'elle pose troublent trop les jouisseurs pour qu'ils ne s'efforcent pas d'en détourner les yeux. Les ouvriers, on les méprise et on les craint ; on s'en détourne avec un peu de dégoût et d'effroi ; comme les esclaves dans la société païenne, ils font tache au milieu d'une civilisation par tant de côtés extérieurs si brillante ; culture indigente, moralité déficiente, précarité de l'existence matérielle, on leur reprocherait pour un peu tous ces maux comme des fautes ; et ceux qui se sont constitués conseillers et recteurs de la multitude salariée exploitent ses peines pour en vivre, s'efforçant même de les aggraver jusqu'à ce qu'éclate cette Révolution dont les chefs connaîtront enfin, dans les ruines et le sang, toutes les joies de la richesse et du pouvoir. En vérité, « *aux pauvres gens, tout est peine et misère...* »

Mais le dédain des uns ou leurs craintes, le cynisme des autres et leurs mensonges ne suppriment ni ne guérissent l'injustice. Seule, l'étude du problème peut conduire à le résoudre : l'ayant abordée en province et à l'étranger, au cours des années qui ont précédé la guerre, nous avons jugé indispensable de la poursuivre après la guerre, et tout d'abord à Paris.

L'étude de la vie ouvrière à Paris tire toute son importance du rôle joué par la capitale dans la vie de la nation. Paris est le grand centre directeur de l'activité du pays tout entier ; de là, partent, pour rayonner sur toutes les provinces, non seulement les idées, les mœurs, les modes, les impulsions politiques, mais aussi les mots d'ordre auxquels obéissent les ouvriers. Les effets de notre régime de centralisation excessive se font sentir sur toutes les organisations étrangères à l'Etat : les forces socialistes révolutionnaires sont groupées autour de Paris comme de leur centre régulateur et la source de leur activité. Aussi nos enquêtes sur la vie ouvrière en province et à l'étranger exigeaient-elles d'être complétées par des recherches semblables poursuivies à Paris même, et nous les avions ébauchées lorsque la guerre est survenue.

Une telle étude tire des effets de cette catastrophe un intérêt plus pressant.

De certains maux anciens auxquels on se promettait de porter remède, les uns subsistent, les autres se sont aggravés. On a manqué des ressources nécessaires pour assainir ce que l'on appelait les « cloaques de Paris » (1) ;

1. Sous ce titre et le sous-titre : « Une tournée aux plus

quant à la crise du logement, dont on se plaignait déjà (1), elle a pris les énormes propor-

ignobles recoins de Paris », *L'Eclair*, du 19 mai 1909, signalait la formation, au conseil municipal de Paris, d'un groupe dit de la périphérie. Un programme de grands travaux publics étant, à ce moment-là, en préparation, les conseillers appartenant à ce groupe visitèrent certains quartiers ouvriers dont l'assainissement apparaissait comme particulièrement urgent, notamment la Cité Doré, dans le XIII° arrondissement.

1. « L'augmentation du prix des loyers à Paris oblige « les ouvriers à réduire de plus en plus le cube d'air « nécessaire aux habitants de tout logement. D'une « enquête récente il résulte que, rue Nationale, un mé- « nage de quinze personnes, dont dix enfants, vit « entassé dans deux chambres. Dans cent quarante-cinq « ménages, on a trouvé un lit occupé par deux enfants ; « dans trente-huit, par trois ; et, dans quatre, cinq en- « fants couchaient dans un lit à une place, trois à la « tête et deux au pied. Une famille de chiffonniers, « composée de dix-huit personnes, dont quatorze en- « fants, occupe, rue Brillat-Savarin, deux pièces dans « une baraque en planches. Ailleurs, une famille de « quinze personnes a deux chambres avec un seul lit « occupé par la mère et ses deux plus jeunes enfants. « Les autres couchent sur des paillasses et des couver- « tures. Chaque personne a quatre mètres cubes d'air.

« On le voit, la crise du logement est à l'état aigu à « Paris et dans toutes les grandes villes, puisqu' à Ber- « lin, par exemple, quarante mille familles vivent ou « plutôt meurent dans une seule pièce. »

(*La Revue*, article de L. Chevalier. Cité par *L'Eclair* 22 juillet 1912.) La rue Nationale, dont il est ici question, se trouve dans ce quartier de la Gare où a été poursuivie ma première enquête.

tions dues à cet arrêt complet de l'industrie du bâtiment qui n'est qu'une des multiples conséquences du bouleversement des prix provoqué par les destructions d'hommes et de richesses matérielles que la guerre à causées.

La rupture d'équilibre entre les salaires et le coût de la vie a produit de plus inquiétants désordres. Le manœuvre, qui était payé cinq francs par jour en 1912, en recevait seize en 1920 ; les ouvriers de métier, qui touchaient de huit à quinze francs avant la guerre, ont gagné, depuis 1919, de vingt à quarante francs et même davantage. Les lois protectrices des locataires ont, par contre, maintenu à l'ancien taux la charge que le logement représente dans un budget ouvrier. Le prix des chambres meublées n'a pas, en général, beaucoup plus que doublé. En 1912, je payais cinq francs cinquante centimes par semaine pour une chambre, petite, pauvrement meublée, mais propre, située au deuxième étage d'un hôtel et prenant jour sur la rue de Charonne ; dans un hôtel meublé du quartier de la gare de Lyon, je payais un franc cinquante centimes par jour pour une mansarde du cinquième étage, éclairée par une « tabatière », garnie d'un lit et d'une table de nuit, d'une commode, une table, une table de toilette et deux chaises ; en juillet, j'y étais assailli par une armée de punaises ; les water-closets de l'hôtel étaient dépourvus de siège et fort mal tenus, tandis que, dans les plus mauvaises *Casas de dormir* barcelonaises, j'étais à l'abri d'insectes parasites et je trouvais des cabinets à l'anglaise ou tout au moins pourvus d'un siège et fort propres. La même fâcheuse comparaison s'établissait dans mon esprit comme je logeais dans un hôtel ouvrier du quartier Montparnasse ; les cabinets, démunis de siège, restaient d'une malpropreté qui témoignait de la négligence des locataires et de la fâcheuse indifférence des patrons ; cet état de choses contrastait avec l'aspect général de l'hôtel remis complètement à neuf ; les chambres qui coûtaient, à la nuit, deux francs, étaient fort propres, plaisantes et même coquettes ; au lit s'ajoutait une descente de lit, la table de toilette était pourvue d'une plaque de marbre : la fenêtre s'ornait de doubles rideaux et, contre le mur, se dressait une armoire à glace. Les prix de location des garnis ouvriers n'ont pas subi la même augmentation que la nourriture et le vêtement. Si, dans le XIIIe arrondissement, une chambre coûte aujourd'hui six francs à la journée et dix francs par semaine, par contre il faut dépenser de quarante-cinq à quatre-vingts et cent francs pour une paire de brodequins, alors qu'en 1912 il eût suffi de quinze à vingt francs. A la même époque, dans un magasin de confection pour travailleurs, on payait aux prix suivants des vêtements de qualité ordinaire : quatre francs soixante-quinze centimes une veste de travail, onze francs cinquante centimes un pantalon de velours, vingt francs vingt-cinq centimes un veston et un gilet. Tous ces prix ont au moins triplé ou quadruplé et même parfois quintuplé. Nous verrons qu'il en va de même pour le blanchissage et la nourriture. Je retrouve une note de blanchissage

datant de mon enquête parisienne de 1912 :
pour une chemise non amidonnée, un caleçon,
une flanelle et un mouchoir, j'avais payé
quatre-vingt-cinq centimes, prix inférieur à
celui qui est aujourd'hui demandé pour la
chemise seule. Voici le menu d'un déjeuner
pris, à cette époque, dans un petit restaurant
ouvrier de la rue de Charenton :

Chopine de vin.	0 fr. 25
Pain.	0 fr. 10
Bifteck garni	0 fr. 35
Nouilles.	0 fr. 15
Total.	0 fr. 85

Aujourd'hui, un ouvrier ne peut dépenser
moins de trois à quatre francs pour un repas
très modeste. Aussi, malgré l'élévation des
salaires qui rend l'existence aisée pour l'ouvrier célibataire ou pour les familles où le
père, les enfants et parfois la mère réunissent
leurs salaires, la vie est-elle, au contraire, très
difficile pour un ménage qui compte plusieurs
jeunes enfants et où, par suite, le père seul
alimente de son gain le budget domestique.

On imagine à quel degré se trouvent accrues les préoccupations de ce chef de famille. Elles dépassent incomparablement celles qu'exprimait déjà sur ce point, en 1912, un ouvrier qui, déjeunant près de moi dans un petit restaurant du Faubourg Saint-Antoine, disait à son voisin : « J'aime bien les familles nombreuses chez « les autres. J'ai trois gosses. Ça me suffit. Ce « que ça coûte d'argent, tout de même, les « enfants ! Il faut compter vingt sous par jour « pour la nourriture et le vêtement. Les chaus- « sures, c'est effrayant ! On a beau y faire atten- « tion, leur retirer leurs bons souliers quand « ils reviennent de l'école et leur mettre aux « pieds les vieilles chaussures hors d'usage, « ça ne fait rien, il y en a encore pour cinquante « francs par an pour chacun d'eux ! Une paire « de six à sept francs dure six semaines ! »

La culture générale des ouvriers ne s'est certainement pas améliorée au cours de la guerre. Mais le hasard ne m'a pas permis de surprendre, au cours de ces nouvelles recherches, des réflexions comme celles-ci, que j'avais notées avant la guerre : « La langue

« bretonne est composée, moitié de mots
« allemands et moitié de mots français. » Ou
bien : « L'état civil a refusé d'inscrire ma
« gosse sous le nom de Liane, parce que ça
« n'est pas sur le calendrier Grégoire... —
« Grégorique ! » corrige le voisin.

On ne constate pas non plus actuellement
l'existence de cette haineuse propagande
contre le catholicisme qui, poursuivant l'ouvrier dans la rue, à l'atelier, au restaurant, au
logis, au café, au théâtre, lui donnait la hantise du spectre clérical. Avant la guerre, dans
un petit débit-restaurant du faubourg Saint-
Antoine, je vis, deux jours de suite, deux
individus différents venir chanter des poésies
anticléricales de Montéhus ; les trois sous
que l'un reçut des quinze ouvriers qui prenaient leur repas et les deux sous que l'autre
récolta le lendemain ne permettent pas de supposer que le métier les faisait vivre, mais bien
plutôt de croire qu'un certain fonds de propagande leur permettait de se vouer à la
diffusion des idées du chansonnier juif.

Si, à ce point de vue, la guerre a sensible-

ment assaini, comme nous le verrons, l'at
mosphère de nos faubourgs, elle semble
également avoir eu pour effet — conjointe-
mentavecl'entassement invraisemblable,mais
maintenant normal, des voyageurs dans le
métropolitain — de faire disparaître les petites
manifestations d'effroi méprisant auxquelles
trop souvent se livraient les très petits bourgeois que le hasard de ces brefs voyages
mettait au contact d'un ouvrier. Je n'ai plus eu
l'occasion de revoir une petite scène de ce
genre : comme je traversais, avant 1914, le
quartier de Grenelle dans un wagon de deuxième classe du métropolitain, à trois heures
de l'après-midi et en semaine, un bourgeois
de quarante à cinquante ans — linge frais,
jaquette neuve — prend place à côté de moi
avec « sa dame » ; le monsieur, qui a été sur
le point de venir au contact de mon pantalon
de velours, recule de quelques lignes, d'un
mouvement vif, et me toise d'un air un peu
dégoûté. Bourgeoisement vêtu, je ne pouvais,
au *Louvre* ou au *Bon Marché*, m'arrêter un
instant sans être l'objet des sollicitations

polies de l'employé; mais, si je m'y présentais en vêtement de travail, je trouvais très difficilement un vendeur : il ne me voyait pas, il tentait de s'esquiver, il me fallait aller le chercher et lui demander expressément de vouloir bien s'occuper de moi; lorsqu'il y consentait enfin, il expédiait mon achat d'un geste rapide et dédaigneux, ayant à peine levé les yeux sur moi. Je songeais que nous étions en République et que je représentais le Peuple souverain. Mais pendant les deux dernières années de la guerre et les dix-huit mois d'intense activité industrielle qui ont suivi l'armistice, l'ouvrier a dépensé largement; il a fait figure de ploutocrate et le commerçant, qui réalisait sur lui cent à deux cents pour cent de bénéfice, s'est habitué à le traiter avec un peu moins de mépris.

Aux raisons générales et permanentes qui justifient une étude des ouvriers de Paris, s'ajoute un motif plus pressant, tiré des circonstances que nous traversons : l'armistice a été suivi d'un ébranlement si général et si profond que les esprits les plus confiants, à plus forte raison les gens renseignés, purent croire, en voyant à ce point vaciller sous les furieux efforts des révolutionnaires notre fortune nationale, qu'elle était menacée d'y périr, entraînant dans son naufrage une civilisation forgée par un labeur presque millénaire. Nos premiers coups de sonde, jetés aussitôt après cette crise dans les milieux de travailleurs parisiens, nous ont cependant fourni quelques motifs d'espérance. A notre grande surprise, et alors que la rafale d'agitation révolutionnaire qui avait secoué tout le monde du travail depuis novembre 1918 jusqu'à Pâques 1920 laissait supposer une masse encore effervescente, tout trouble de rêveries folles et de colères mauvaises conseillères, nous avons constaté que, tout au contraire, elle semblait ne plus accorder la même confiance aux faiseurs qui l'avaient si honteusement exploitée depuis deux générations et jetée sur tous les chemins qui conduisent à la ruine : un grand désir de travail et de sécurité, beaucoup de sérieux, de la patience et de la modération, une grande sobriété, l'attente enfin des solutions positives et véritablement libératrices — voilà ce que nous avons constaté, beaux et désirés symptômes d'une vraie renaissance, gages plutôt de la naissance de la foule ouvrière à l'organisation professionnelle et à la conquête de la place qui lui est due dans la société.

Du moins est-ce là une lueur d'espérance, mais qui menace de s'éteindre si la crise industrielle se prolonge et si les salaires baissent sans que le coût de la vie diminue.

CHAPITRE PREMIER

LE QUARTIER DE LA GARE (XIIIe ARROND.) NETTOYEUR DE CHAUDIÈRES

---

§ 1. — LE VÊTEMENT ET LE LOGEMENT

J'achète au Carreau du Temple des habits de travail : un veston de coutil gris usagé me coûte onze francs, et un pantalon de toile bleue, tout neuf, seize francs. Les vendeurs français ne sont plus qu'une très rare exception ; ils ont été éliminés par des Juifs dont beaucoup ignorent totalement la langue française que les autres estropient copieusement. Le commerce du Carreau a également changé de caractère ; le fripier a fait place au marchand de neuf ; quelques tas de vêtements usagés mis à part, on ne trouve plus guère que des vêtements et chaussures de confection ; un complet de drap, neuf, se vend cent cinquante francs. La clientèle se compose de quelques Français et d'un très grand nombre de Juifs orientaux ne parlant que le yiddish.

Dans les magasins de confection du quartier de la Gaîté, un pantalon de velours coûte de quarante à quatre-vingts francs, c'est-à-dire de quatre à cinq fois le prix d'avant-guerre. J'y fais l'emplette d'un pantalon de drap (1) pour vingt-cinq francs, d'une casquette de drap pour six francs cinquante centimes, et d'une ceinture de coton noir pour cinq francs. Ces prix se retrouvent sensiblement les mêmes dans tous les magasins des faubourgs de la rive gauche.

Pour découvrir un abri, il m'a fallu battre le quartier de la Gare pendant plusieurs heures. Les cabarets où se louent des chambres garnies abondent cependant : mais la clientèle surabonde ; à l'affluence anormale de travailleurs que l'attrait des hauts salaires a eu pour effet d'enlever aux campagnes, s'ajoute, dans ce quartier, l'immigration de plusieurs milliers de manœuvres arabes d'Algérie qui s'en-

---

1. Cette étoffe est faite d'un mélange de laine et de coton.

tassent dans de nombreux hôtels meublés. Invariablement, au cours de mes recherches, le patron ou la patronne me répond que « c'est complet ». Ni bonjour ni bonsoir : un sec « pas de place », et l'on vous tourne le dos. Un logeur fait ce commentaire : « C'est «la crise, comme pour le reste. » Une chambre se loue couramment de trente à soixante-dix francs, au mois, et de six à neuf francs, à la journée.

Après de fatigantes pérégrinations, je finis par découvrir, au premier étage d'une vieille bâtisse en platras dont un débit occupe le rez-de-chaussée, un cabinet obscur, profond de deux mètres cinquante, large de un mètre cinquante, meublé d'une chaise, d'une couchette de fer avec sommier et matelas, d'une petite table de bois blanc que garnissent un pot, une cuvette et une seule serviette, et d'une tablette de bois fixée au mur sous une ouverture carrée, de vingt-cinq centimètres de côté, par où viennent l'air et la lumière dont jouit ce réduit. Mais la femme se hâte de m'assurer que, l'après-midi, « c'est *clare-*

ieux ». Elle me demande dix francs par semaine pour cette sombre tanière que le locataire vient tout juste de quitter et je m'estime fort heureux d'arriver à point pour obtenir le privilège de l'occuper. Les water-closets se trouvent dans la cour, communs avec d'autres locataires ; leur installation témoigne d'un certain effort pour les conformer aux lois de l'hygiène, car, s'ils sont dépourvus de siège, du moins se trouvent-ils munis d'une chasse d'eau automatique, et d'ailleurs proprement tenus. La logeuse me fait l'éloge de sa maison : « Je n'ai pour pensionnaires que de « vieux clients, des ouvriers, dont l'un gagne « douze cents francs par mois. »

§ 2. — AU TRAVAIL

Je suis embauché pour le nettoyage des chaudières d'une importante usine. Le salaire des manœuvres chargés de ce travail s'élève à seize francs quarante centimes pour huit heures : de sept heures à onze heures trente, et de midi trente à quatre heures.

Aussitôt arrivé, aussitôt adjoint à une

équipe de cinq hommes chargés de déplacer des tuyaux de fonte qui encombrent une partie de la cour. Ce petit travail de déblaiement une fois effectué sans hâte, nous nous rendons dans le hall où s'aligne une douzaine de chaudières tubulaires, hautes de cinq mètres environ, larges de deux, profondes de six. Une seule d'entre elles est éteinte. Un échafaudage dressé devant son ventre ouvert donne accès à la partie supérieure formée par le faisceau des cent huit tubes que l'eau en circulation a chargés de calcaire et qui nous présentent leurs orifices. Il s'agit de faire sauter au ciseau le calcaire et l'amiante durcie qui déforment ces orifices, puis, avec une forte barre de fer, longue de sept à huit mètres et enfoncée successivement dans chaque tube, d'arracher le calcaire qui, accumulé à sa partie inférieure, en diminue le calibre et parfois même l'obstrue complètement. Avec une lourde masse de fer, chacun de nous, à tour de rôle, frappe à coups redoublés sur la tige jusqu'à ce que l'obstacle cède.

Nous nous livrons à cet exercice avec une lenteur calculée. Pendant que l'un de nous frappe, les autres maintiennent la lourde barre dans la direction du tube pour que le choc de la masse de fer produise tout son effet. Mais nous surveillons surtout le hall et l'arrivée, les évolutions, la disparition, le retour du contremaître, pour nous arrêter chaque fois qu'il s'éloigne ou disparaît. La volonté très nette des ouvriers est de ne fournir qu'une somme de travail extrêmement réduite. Chacun en donne le moins possible. La tâche est pénible. Mais c'est à qui s'y dérobera de son mieux.

Le procédé primitif auquel nous recourons étonne au milieu des machines puissantes que cette usine met en action. Il nous faudra parfois dépenser plus d'une heure pour dégager certains tuyaux ; quatre jours seront nécessaires pour nettoyer les cent huit tuyaux d'une seule chaudière. La dépense en efforts musculaires et en salaires est considérable ; mais la nécessité d'y recourir s'explique : ce nettoyage, qui se fait habituellement tous les

ans, rapidement et économiquement, avec
une sorte de foreuse mue à l'électricité,
n'ayant pas été effectué depuis le commencement de la guerre, le dépôt de calcaire a pris
une telle importance que l'appareil électrique
n'en pourrait vaincre la résistance et se brise-
rait. De là, la nécessité d'accomplir ce travail,
exceptionnellement, avec le marteau, le ciseau,
la barre de fer et les muscles des hommes.

Pendant que je râcle le métal avec un ciseau
recourbé, mon voisin de travail me parle des
nombreux débauchages qui font en ce moment le vide dans les ateliers de mécaniciens;
on estime que les deux tiers du personnel
sont mis à pied. « Qu'est-ce que cela va faire
« à l'entrée de l'hiver ! » soupire-t-il, — « C'est
« la faute aux Boches, dis-je. S'ils livraient
« du charbon et s'ils payaient les indemnités
« de guerre, nos usines pourraient produire et
« nos finances seraient en meilleur état. » Mon
compagnon — un homme de cinquante à
cinquante-cinq ans — se tait un instant, réfléchit ; puis, d'un ton ferme : « C'est, affirme-
« t-il, la faute du gouvernement : le Bloc et

« les prêtres. » Et il s'enferme à nouveau dans un silence dont il lui arrive rarement de se départir. Son regard, vif et prompt, saisit tout à la dérobée, sans en avoir l'air ; le visage est inexpressif ; la tenue toujours correcte ; lorsqu'il quitte l'usine après avoir revêtu ses habits de ville, il semble un petit employé ou boutiquier qui regagne son logis.

Mes autres camarades d'équipe — trois hommes de trente à quarante ans et un de soixante — restent, eux aussi, assez volontiers taciturnes. Lorsqu'ils sortent de leur mutisme, c'est plutôt pour échanger de lourdes plaisanteries sur les choses du sexe. Le chef d'équipe — une quarantaine d'années — est un gaillard robuste, solidement musclé, à l'œil vif, l'air fruste et intelligent. Le sexagénaire est un fort brave homme, toujours appliqué à sa tâche et soucieux d'être bien noté par ses chefs. Les deux autres ouvriers, âgés de trente à trente-cinq ans, Méridionaux de petite taille, solidement râblés, envoient leur coup de marteau à toute volée, avec une énergie et une souplesse qui me font envie. Au vestiaire, ils tirent tous de leur placard de vieilles et fortes chaussures et de vieux habits très usagés — gilets de lustrine, pantalons de toile bleue ou de velours à côtes — et, après avoir soigneuse-ment quitté leurs effets propres, se revêtent pour leur travail de ces frusques fripées. Ils parlent tous un français correct. Les propos qu'ils échangent le plus fréquemment con-sistent en gauloiseries très grossières et ce sont les plus vieux qui disent les pires.

Le plus jeune des Méridionaux, obsédé par un refrain à la mode, fredonne souvent : « ... mer, mer, mer, Amer-icains ! » A cela se bornent généralement ses manifestations intellectuelles. Mais, une fois, il s'écrie que « tout va mal actuellement dans l'industrie ; « mais ça ne va pas encore assez mal ; il faut « que ça aille le plus mal possible ! » Cette formule, les socialistes révolutionnaires l'ont mise en circulation ; cet homme l'accepte, avec l'idée obscure que, si tout « allait le plus mal possible », il en résulterait de toute nécessité, que tout irait excellemment bien, la bonne Fée Révolution accomplissant le plus naturellement du monde ce prodige. Et comme, sur ces entrefaites, le directeur de l'usine traversait le hall, l'homme se tourne vers ses deux voisins et s'écrie : « Tiens ! à « nous trois, on le remplacerait bien, le « directeur (1) ! » Car il est de foi, dans le bol-

---

1. Un cheminot, à qui l'on demandait comment il comprenait la nationalisation des chemins de fer dont il se montrait partisan enthousiaste, répondit : « Dans le « régime nouveau, nous serons, chacun à tour de rôle, « ingénieurs, chefs de gare... » avec les avantages matériels attachés à ces diverses fonctions que le premier venu peut remplir, comme il est de toute évidence. Qu'est-ce qu'un chef de gare ? un monsieur qui est coiffé d'une casquette à broderies d'or et qui donne des ordres. Un ingénieur ? un monsieur qui se chauffe dans un bureau confortable, y fume des cigares et donne des ordres. Tout le monde est également apte à donner des ordres, n'est-ce pas ?

Insondable ignorance, puérilité prétentieuse, niaiserie sans limite, voilà ce qu'exploitent les chefs du prolétariat « conscient et organisé ». Tout cela ne serait que ridicule si la vie de nos sociétés et l'existence même de la civilisation n'en dépendaient point.

En Italie, en 1920, les ouvriers révolutionnaires ont pris possession, par un coup de force, des usines que les patrons voulaient fermer. Dépourvus de matières premières et de capitaux, de direction commerciale et de direction technique, ils se sont militarisés et ont monté la garde en armes dans ces usines transformées en casernes pour pacifistes féroces et antimilitaristes

chevisme, que, par la vertu d'un soviet, d'un comité d'ouvriers mis à la tête d'une usine, la prospérité de cet usine ne connait plus de bornes.

Chacun de nous tour à tour fait retomber la lourde masse sur l'extrémité de la barre engagée dans un des tubes, et le choc résonne dans le ronflement continuel des courroies, le bruit des pics et des pelles, l'échappement de la vapeur, le râclement des escarbilleurs. A un certain moment, j'entends un de mes compagnons dire aux autres : « Il y en a qui pré- « tendent qu'on pourrait avoir la journée de « six heures. — Ils exagèrent ! » s'écrie mon voisin, en riant. « Tout de même, reprend le « premier, ça serait mieux... » Les méthodes d'organisation du travail, dont Taylor et Fayolle sont les initiateurs et qu'ont corrigées

repentants. Cette aventure ridicule n'étonnait pas au pays d'Arlequin. Mais elle fut suivie d'une prompte revanche du bon sens mis au service d'hommes d'action. Les *fascistes*, en faisant aux révolutionnaires l'application de leurs propres méthodes, les ont remis à leur place et tout est rentré dans l'ordre. La violence au service de l'intelligence avait triomphé de la violence au service de la sottise.

et améliorées les ingénieurs, industriels et économistes groupés autour de la Science sociale et de l'un de ses plus éminents représentants, M. J. Wilbois (1), permettraient d'obtenir cette réduction sans diminuer le rendement et sans accroître la fatigue de l'ouvrier. Mais les méthodes de grève des bras croisés, de grève perlée, de sabotage calculé du temps du travail, de ralentissement volontaire de la production, que préconisent les cégétistes, n'amèneront jamais ce résultat. Ce sont les seules cependant dont mes compagnons attendent l'amélioration de leur sort, et les seules qu'ils mettent en pratique. Nous ne travaillons qu'avec une extrême lenteur.

« Pas si vite ! » est-il jeté, de temps à autre, par l'un de nous, comme une consigne qu'il importe de ne jamais oublier. Et chacun guette, pour reprendre sa tâche, l'apparition, à l'extrémité du hall, du contremaître. La tendance au moindre effort, qui pousse chacun à chercher à obtenir le plus de profit avec le moins

1. Ecole « Le Cap », 100, rue de Vaugirard, Paris.

de peine, a besoin d'être sans cesse combattue par un stimulant du travail et un contrôle de notre activité. L'ouvrier a besoin du contre-maître, comme l'ingénieur a besoin du patron, comme celui-ci doit être excité par les exigences de la clientèle et la menace de la concurrence. Notre besogne est dure : mais la fatigue physique n'explique pas notre mollesse. Nous obéissons aux consignes de la C. G. T. La grève brutale est devenue, par sa constante répétition et l'absence fréquente de justes motifs, les perturbations qu'elle cause et les ruines qu'elle engendre, impopulaire ; elle indispose l'opinion. On lui substitue la grève hypocrite et permanente. La direction de l'usine observe un prudent opportunisme : elle temporise et tâche de s'accommoder de cette situation qui, en augmentant le prix de revient, accroît le prix de vente, de sorte que, finalement, la masse des consommateurs, dont les ouvriers forment la plus grosse partie, souffre de la paresse voulue des ouvriers. L'attitude bénigne de la direction est d'ailleurs appréciée avec une bienveillante indulgence par les salariés ; un soir, à la sortie de l'usine, l'un de mes camarades d'équipe lui accorde le témoignage de sa satisfaction : « On n'est pas trop poussé pour le « travail, dans cette maison », me dit-il avec une petite moue dédaigneuse ; « il n'y a rien « à dire. »

Tous mes compagnons me laissent l'impression de gens tranquilles, qui s'abandonnent à la petite vie que les circonstances leur ont faite, sans grands besoins, sans ambitions, limitant leurs désirs à l'accomplissement de la modeste tâche qu'ils ont reçue de la destinée, et vraiment contents de peu. Ces braves gens n'en suivent pas moins paisiblement les impulsions révolutionnaires de la Confédération générale du Travail, sans savoir aucunement où elle les mène. Ils eussent été radicaux, voilà quarante ans ; ils étaient socialistes, il y a vingt ans ; ils cèdent aux tendances bolchevistes, aujourd'hui. Ils suivent. C'est un troupeau docile.

Lorsque le sifflet annonce la fin du travail, chacun se hâte au vestiaire, s'il n'a réussi à s'y faufiler déjà, puis vers la grille. Les distances à parcourir pour regagner le logis sont grandes à Paris, même pour les ouvriers qui habitent le quartier où ils ont leur emploi. La dispersion du personnel s'effectue promptement. Bien peu s'attardent chez les bistros du voisinage : les consommations coûtent trop cher. Le litre de vin blanc vaut trois francs ; le litre de vin rouge, deux francs vingt centimes ; un verre de bière, cinquante centimes ; un apéritif, de cinquante à soixante-dix centimes ; un café nature, trente centimes ; un café avec eau-de-vie, soixante centimes. L'interdiction de l'absinthe demeure un grand bienfait. Si, par hasard, deux camarades s'invitent, ils ne commandent plus, comme autrefois, un litre ou une chopine, mais chacun un verre de vin, par économie : s'ils ne prennent pas de vin, ils choisissent d'anodins rafraîchissements : bière, cassis, goudron, citron, sirops ; ou quelque apéritif. La prohibition de l'absinthe et les hauts prix de l'alcool ont désintoxiqué les travailleurs.

La tournée de bienvenue que je paie aux

camarades d'équipe me coûte trois francs cinquante centimes. Le samedi suivant, au soir, j'emmène le plus âgé d'entre eux, le sexagénaire, au cabaret. Notre grand verre de vin rouge avalé, mon billet de vingt sous jeté sur le comptoir, et le vieux se hâte aussitôt de filer, car il a aperçu sa « vieille » qui le guettait au coin de la rue, en face du marchand de vin ; elle sait que son homme se laisse facilement entraîner par des amis et elle surveille la sortie du samedi soir. Il a pris sa revanche le lendemain, car, le lundi matin, il nous raconte qu'il était rentré ivre, à l'heure du dîner dominical, et que sa femme l'avait « engueulé... Mais aussi, il ne m'en faut pas « beaucoup. Avec quatre demi-setiers, je suis « retourné !... surtout, fatigué comme je « l'étais d'avoir manié le marteau, tout le « samedi... » Il a passé toute sa vie dans le quartier. « Ah ! on me connaît ! Aussi, je « puis demander du travail n'importe où : on « m'en donnera toujours. On sait que je fais « de la bonne besogne ! »

Le soir de la paye, les cabarets voisins de

l'usine offrent plus d'animation que de coutume. Un camarade d'équipe m'offre un verre de vin, mais il n'accepte rien en retour : « Cela me suffit », dit-il. Le lundi matin, la rentrée s'effectue normalement : aucun ne manque à l'appel ; aucun n'arrive avec cette tête de lendemain de noce qui décèle des défaillances dégradantes.

Quelques ouvriers apportent le déjeuner froid que leurs femmes ont préparé et le consomment sur les tables du vestiaire de l'usine. Chacun de nous dispose d'une petite armoire. Un de mes camarades me conseille d'apporter un cadenas pour la fermer, car des vêtements, montres, porte-monnaies, placés dans des armoires qui n'avaient pas été fermées à clef, avaient disparu. Lui-même, pendant mon séjour, perdit la paire de chaussures qu'il avait coutume de changer pour le travail contre de vieux brodequins et qu'il avait déposée dans son placard en oubliant de le cadenasser. Les soupçons se portent invariablement sur les quelques manœuvres arabes que l'usine emploie.

Le vestiaire est sale. Jamais je n'ai vu personne le nettoyer. Un lavabo trop petit et pourvu seulement de trois appareils à douches est installé sous le vestiaire. L'intention est excellente ; sa réalisation détestable : pour se rendre de l'un à l'autre, il faut descendre un escalier de fer couvert de la poussière de charbon envolée des foyers des chaudières qu'il longe, quitter cette atmosphère tiède pour traverser le grand courant d'air froid qui s'engouffre dans le couloir d'accès du hall des machines et, ce couloir glacial une fois franchi, atteindre la salle des douches et lavabos. L'eau qui séjourne en flaques sur le sol, les nombreux ouvriers qui s'y pressent, l'absence de patère ou siège qui permette de déposer les vêtements, obligent les amateurs de bains à se déshabiller dans le vestiaire, à l étage supérieur, à faire tout nus le chemin qui sépare les deux salles, subir la douche écossaise d'air chaud et d'air glacé et remonter, lavés et mouillés, au vestiaire par l'escalier noir de charbon et dans l'atmosphère poussiéreuse des chaudières. Plusieurs ouvriers se servent néanmoins des appareils à douches. Couverts, au terme de la journée, d'une poudre gluante et noire, ils se résignent à utiliser une installation si inconfortable que les patrons n'en voudraient ni pour leurs domestiques ni pour leurs chiens. Mais il ne s'agit que d'ouvriers.

Au vestiaire, les ouvriers ne fraient pas indifféremment entre eux. Une sélection rigoureuse s'effectue d'après leur spécialité. Tous méprisent les Arabes : voilà pour l'égalité des races. Les électriciens se considèrent comme d'une catégorie supérieure à celle des mécaniciens, qui ne daignent prendre garde aux chauffeurs ou aux manœuvres : et voilà pour l'égalité entre salariés concitoyens. Un jeune électricien, d'une vingtaine d'années, très correctement vêtu, passe une salopette par-dessus ses vêtements de ville : il entre, sort, sans jamais adresser la parole à ses inférieurs dans la hiérarchie du travail ; il affecte même, semble-t-il, de ne pas les voir ; il lit *l'Œuvre*. Un jeune ouvrier mécanicien — vingt-cinq ans environ — arrive chaque jour avec trois journaux : *l'Œuvre*, *l'Humanité* et généralement *la Vague*. Sur les vitres poussiéreuses du vestiaire, un doigt inconnu a écrit : « Vive les bolchevicks ! vive les soviets ! » Et c'est signé : « Un rouge. » Un jour, des avis sont placardés, convoquant les ouvriers à une réunion du syndicat à la Bourse du Travail. Les conversations du lendemain ne gardent aucun écho de ce qui s'y est passé.

Je prends le repas de midi dans un petit restaurant du voisinage, que fréquentent des ouvriers d'usines ou chantiers voisins. Je prends place habituellement en face d'un ouvrier du bâtiment, âgé d'une trentaine d'années, qui a coutume de se plaindre que le service n'est pas bien fait : on ne le sert pas assez vite, on ne lui apporte pas toujours ce qu'il a commandé, la portion n'est pas assez belle. C'est un monsieur difficile. Et beaucoup d'autres clients lui ressemblent. Le patron ne met jamais d'eau sur la table ; il voudrait imposer les habitudes d'avant-guerre. Mais son insistance n'obtient aucun succès. Invariablement, les clients réclament de l'eau ; et les bouteilles d'eau, qui étaient tenues cachées mais toutes prêtes, sont aussitôt apportées sans que le patron ou le servant s'avise de protester ou de railler. Avant la guerre, la demande d'une carafe eût provoqué d'impitoyables moqueries. Avant la guerre également, des litres auraient été placés à l'avance sur les tables : on n'y voit plus maintenant que des chopines et, le plus souvent, le client réclame simplement un demi-setier (quart de litre) ; le patron, sans risquer la moindre remarque, se hâte de retirer la chopine et d'apporter le demi-setier. C'est le plat de viande le moins cher qui est le plus généralement demandé, c'est-à-dire du bœuf bouilli aux légumes, dont la portion revient à un franc cinquante centimes, au lieu d'une côtelette ou d'un bifteck, qui coûte de un franc soixante centimes à un franc quatre-vingt centimes. Il est manifeste que les ouvriers se privent pour économiser.

Tous mangent avec hâte ; la plupart silencieusement. Par exception, quelques propos

sont échangés plus ou moins brusquement ;
une brève discussion s'élève. Une fois, un
ouvrier du bâtiment s'écrie très haut que « si
« une église n'est pas solide et s'effondre, ça
« ne tuera jamais que des gens qui n'y étaient
« pas à leur place, ou des ignorants, des
« imbéciles ou des déments ! » Et toute la
tablée de rire.

Une autre jour, des ouvriers se plaignent
amèrement des palinodies de ces politiciens
qui se sont servis du socialisme pour arriver
au pouvoir : « Millerand, fait l'un, s'est enri-
« chi dans les congrégations et il ne se sou-
« vient plus du programme de Saint-Mandé.
« — Et Briand donc ! fait un autre. Il a com-
« mencé en espadrilles, sans avoir une che-
« mise à se mettre sur le cul. Maintenant, il
« a de la galette et il est collé avec une femme
« riche ! — Tous ces gens-là, ajoute un troi-
« sième, se sont servis de nous !... »

Une autre fois, deux mécaniciens de l'usine,
l'un âgé de dix-huit à vingt ans, l'autre de
vingt-cinq à trente, prennent place près de
moi. Le plus jeune des deux raconte que,

dans l'importante fabrique où il travaillait auparavant, une demande d'augmentation des salaires avait été adressée à la Direction et rejetée. « Alors, un matin, à l'entrée dans les « ateliers, un *Sidi* nous passe le mot d'ordre : « à dix heures, un coup de sifflet serait donné, « et, à ce signal, tout le monde devrait par- « tir. Ce qui fut fait. Les contre-maîtres en « étaient verts. La grève était déclarée. Le « comité avait promis de nous verser, comme « indemnité, la moitié de nos salaires. J'étais « syndiqué. Au bout de huit jours, je vais « demander mon indemnité. On me dit : — « Est-ce que tu te fous de nous ? Y manque- « rait plus que ça que tous les autres fussent « comme toi ! — Ah ! c'est comme ça que « vous le prenez ? que j' leur dis. Et je leur « jette ma carte de syndiqué ! Quand vous « me reverrez, il fera chaud ! »

Les tubes de la chaudière une fois calibrés, nous devons en nettoyer au racloir les ori- fices inférieurs qui s'ouvrent à l'arrière, à cinquante ou soixante centimètres de la muraille de briques dont l'appareil est entouré sur trois de ses côtés. Après un lavage à grande eau de toute la tuyauterie, je suis chargé de la dernière phase, et la plus pénible, de ce travail : le nettoyage des rangées inférieures de tubes sur lesquels se sont accumulées de grandes quantités de poussières de charbon et de cendres.

Tous ces tuyaux superposés sont disposés suivant un plan incliné qui toiture une sorte de réduit de deux mètres sur cinq, circonscrit par les murailles de briques, et dont la hauteur varie progressivement de cinquante centimètres à un mètre trente. Pour s'y introduire, il faut se glisser à plat ventre par un orifice latéral, haut et large d'environ quarante centimètres. Ayant rampé au travers de ce soupirail, on se trouve emprisonné dans le caveau surbaissé, sous le toit en pente des tubes de la chaudière. La chaudière voisine étant en activité, le mur mitoyen dégage une chaleur qui rend plus pénible le séjour dans ce trou. Une lampe électrique m'éclaire. Je ne puis me tenir qu'à genoux ou accroupi.

Avec un racloir, je fais tomber, des tubes étagés au-dessus de ma tête, la poussière et la cendre qui s'y sont entassées. Cela demande plusieurs heures. L'atmosphère confinée et chaude s'emplit d'une poudre impalpable qui m'oblige à m'arrêter fréquemment avant de reprendre ma besogne de nettoyage. Plusieurs fois, suffoqué par l'air devenu irrespirable, et, surtout après le repas, congestionné par suite du repliement des membres et de l'effort fourni, tête aux genoux, j'ai dû ramper par l'orifice d'accès pour aller chercher un peu d'air dans l'étroit couloir sombre qui me séparait de la chaudière voisine. Les tubes nettoyés, deux gros tas de boue et de cendres s'étaient formés dans le cul de basse fosse, et il me fallut, avec une large pelle à manche très court, envoyer dans le petit couloir, à travers le soupirail pratiqué dans l'épaisse muraille, tous ces décombres. Ce travail me demanda une demi-journée. J'éprouvai un grand soulagement à en voir le terme et à quitter, noir de crasse et de poudre, cette sombre oubliette.

La poussière calcinée et la boue extraites de la chaudière obstruent maintenant le minuscule couloir qui sépare celle-ci d'une semblable chaudière en activité. Je passe plusieurs heures à manier la pelle pour remplir de ces décombres les brouettes qu'un autre manœuvre va vider dans la cour.

Après quoi, je nettoie au ciseau, puis à la toile émeri, les obturateurs des tuyaux.

Par une heureuse diversion à cette dure et malpropre besogne, je reçois l'ordre, du contre-maître, d'aller chercher avec Octave, mon camarade d'équipe sexagénaire, deux caisses, à une gare du chemin de fer de ceinture. Octave se montre ravi d'avoir été l'objet d'un tel choix : « Ça prouve, me dit-il « à mi-voix, qu'on est bien noté... Mais faut « pas le dire aux autres... parce qu'il y a tou- « jours des jaloux... Je la connais, la vie des « usines !... » Pauvre humanité !

A la gare, nous nous heurtons à une barrière soigneusement fermée, qui nous sépare

du quai à l'extrémité duquel un employé bavarde tranquillement avec un collègue. Au
voisinage de la grille, travaillent des plâtriers.
Je leur demande d'avertir l'employé. « Si t'es
« pressé, me répond l'un d'eux, moi, j'ai pas
« le temps !... » O entr'aide mutuelle, solidarité ouvrière !

Après m'être remis au grattage des obturateurs, j'aide au nettoyage des grilles du
foyer. Elles sont formées de massives pièces
de fer, longues d'environ deux mètres et
pesant chacune cent kilos. Nous les posons
successivement sur deux tréteaux et, armés
de marteaux et de grattoirs, nous faisons sauter les concrétions parasites qui en déforment
les surfaces et les articulations. C'est un travail très long, qui demande plus d'un jour :
nous raclons et martelons sans trêve, pendant
qu'une multitude de menues parcelles de calcaire et de rouille nous saute au visage. Pendant ce temps, deux hommes procèdent au
rebriquetage des parois du foyer.

Un après-midi, je suis commandé pour
aller, avec un manœuvre âgé d'une cinquan-

taine d'années, chercher des caisses à la gare Montparnasse. Nous poussons la voiture à bras à travers le XIIIe arrondissement et les roues sautent et bondissent sur la chaussée depuis si longtemps dépourvue de tout entretien que parfois ses affaissements en cuvette se succèdent sans arrêt. Boulevard Saint-Jacques, contre une pile du Métro, une demi-douzaine de voyous de quatorze à quinze ans se concertent avec une fillette de leur âge, vêtue d'une toilette tapageuse, que nous devions retrouver un peu plus loin, dix minutes plus tard, comme elle descendait sur Montparno pour y faire la retape. « Si c'est « pas un malheur ! » s'écrie mon compagnon, à la vue de ce groupe d'adolescents mobilisés par le vice ; « mais maintenant, c'est comme « ça ! Les familles, y en a plus... ça s'en va... « Les enfants, qui donc peut leur comman- « der ? Ils ne connaissent plus personne. Pen- « dant le guerre, ça a grandi tout seuls... ».

Comme nous approchons de la gare : « Ah! « fait-il, je suis content. En marchant comme « ça, on n'aura pas perdu du temps et on

« sera rentré à l'usine pour le coup de sifflet
« de la sortie... J'étais déjà venu ici avec un
« autre qui connaissait tous les bistros : il
« s'arrêtait tout le temps. Je ne disais rien ;
« mais ça ne me plaisait pas. On est rentré
« une heure après la sortie des ateliers. Ça
« nous a bien fait une heure supplémentaire
« payée... ; mais enfin, j'aime pas ça... » Je
dois avouer que, d'avoir tiré, sous le chaud
soleil, depuis le fond du quartier de la Gare
jusqu'à Montparnasse, cette voiture à bras,
j'aurais souhaité pouvoir me rafraîchir. Mais
mon compagnon s'est tout aussitôt occupé
de chercher les caisses et de les amarrer solidement ; la voiture chargée, il a donné le
signal du départ. Je me suis attelé à la bricole. Lui, il tirait sur une corde supplémentaire qu'il avait fixée sur le côté. J'avais chaud
et j'avais soif. Ne pas boire en pareille cir-
constance est peut être un acte vertueux ;
mais boire est sûrement un acte nécessaire.
Et l'autre tirait toujours. Il n'avait donc pas
soif !... Enfin, un quart d'heure avant d'atteindre l'usine, il me dit, tout de même :

« Entrons là. On va prendre un café. »

Un ouvrier endimanché se tenait au comptoir, causant avec la patronne :

«,...Alors, poursuivait-il, la grève décla« rée, on a voulu manifester. Mais la tête de
« colonne des manifestants a été arrêtée par
« la police... — Vous ne voyez donc pas,
« s'écrie la patronne en l'interrompant, que
« vos chefs de syndicat ne travaillent que
« pour eux et pas pour vous !... » L'homme
reste muet, bras ballants, et ne réplique rien.

Nous prenons rapidement deux cafés. Je paie et nous repartons. Cinq minutes plus loin, mon camarade m'arrête à un autre débit et m'offre, à son tour, le café, tout en surveillant, à travers les vitres, la voiture abandonnée contre le trottoir. Cette double tournée, qui nous coûtait à chacun quatre-vingt-dix centimes (car j'avais pris, chaque fois, un café nature et, lui, un café au rhum), fut la bienvenue, la très réconfortante, et, tirant plus allègrement sur la corde et la bricole, nous roulions vers l'usine quand mon copain me dit : « Deschanel va démissionner de la

« présidence de la République. Pourquoi ? On
« dit qu'il est malade. Moi, je croirais plutôt
« qu'il est dégoûté...— Oh ! — Mais oui ! C'est
« encore une cuisine, la politique... On n'y
« comprend pas grand'chose, nous autres...
« On ne nous dit pas ce qui se passe réelle-
« ment...Et puis,il y en a qui voudraient faire
« la Révolution !... Eh bien ! tu sais, mon
« vieux, je ne te la souhaite pas,ni à moi,ni à
« personne, la Révolution !... Sais-tu ce que
« c'est ?... Eh bien ! c'est quelque chose
« d'aveugle qui détruit tout où ça passe, qui
« brûle et qui tue. Et tu serais aussi malheu-
« reux que les autres ! Et ils tueraient même
« les enfants, qui n'ont rien fait ! Et la Révo-
« lution à Paris, c'est la Révolution dans
« toute la France !... Puis, tout de même, il
« en faudrait une Révolution, mais qui voie
« clair, qui sache où elle va, ce qu'elle veut
« et ce qu'elle fait... et, celle-là, c'est chez
« Caillaux, ce cochon de Caillaux, qu'elle
« devrait bien faire un tour !... et puis chez
« Loucheur et les autres qui ont tant volé de
« millions !... » Il élevait la voix, emporté par

l'éloquence des faits, et il les exposait comme il tirait sur la corde, avec la même sombre énergie. La voiture bondissait sur les gros pavés. Puis il reprenait, d'un accent désabusé, avec tristesse : « Un député a dit qu'il « paierait ses contributions lorsqu'on aurait « fait dégorger à Loucheur les millions qu'il « a volés... Mais... ce jour-là...il fera chaud... »

Cette usine offre, en raccourci, un tableau de la composition de la masse ouvrière de Paris : elle compte beaucoup d'indifférents, quelques révolutionnaires meneurs ou menés, quelques hommes clairvoyants et capables d'agir ; mais ces derniers restent épars, sans organisation, sans programme et sans chefs, et les premiers subissent l'influence des seconds fortement organisés, encadrés, soutenus par une presse abondamment fournie d'argent.

Le grattage des grilles du foyer une fois terminé, il reste à nettoyer les briques réfractaires provenant des foyers des chaudières et susceptibles de servir à nouveau ; besogne facile, mais fastidieuse, qui va accentuer le sentiment que leur travail inspire à mes compagnons. Ils l'expriment, à midi vingt-cinq, au moment d'entrer à l'usine, en soupirant : « Vivement, quatre heures trente ! » Dans le cours de la journée, en tirant fréquemment leur montre : « Encore deux heures... encore « une heure... encore vingt minutes... » La journée finie, en s'écriant : « Encore une de « tirée ! »

Plusieurs manœuvres arabes nous sont adjoints pour le nettoyage des briques. Ils travaillent mollement, avec résignation, en soupirant, à mainte reprise : « Ça n'est pas « assez payé... » Pour eux, c'est l'argent seul qui compte et, quoi qu'ils fassent, quoi qu'ils reçoivent, ils n'estiment jamais en recevoir assez. Les autres ouvriers les appellent *Sidi*, c'est-à-dire Seigneur, du nom dont ils saluaient les Européens, leurs conquérants et leurs maîtres : fâcheuse méprise, due à une ignorance contre laquelle la presse eût dû mettre en garde la population.

Assis sur un tas de briques, dans la cour, armés d'un ciseau, nous arrachons le mortier qui adhère encore par places aux briques dont un grand amas s'étale devant nous. A de certaines heures, le soleil d'automne nous mord avec tant de force que nous nous croirions au cœur de l'été. A d'autres moments, le ciel se noie de brumes, et le vent précurseur des mauvais jours nous transperce ; alors, les Arabes murmurent contre le triste climat des pays du Nord. Les ouvriers qui passent les assaillent de leurs plus grossières plaisanteries ; les Arabes ripostent parfois, mais d'un air las, avec un accent de résignation et d'indifférence pour le mépris dont ils se sentent entourés. Je leur demande s'ils boivent du vin, dans leur pays. « Mais oui ! « font-ils. — C'est défendu par votre religion. « — Mais non ! Chacun en boit ou n'en boit « pas, comme il veut. — Et en buvez-vous, « vous autres, un peu ? ou beaucoup ? — Le « plus possible. — Jusqu'à l'ivresse ? — Mais, « si l'on boit, c'est pour s'enivrer, lorsque du « moins on peut dépenser assez d'argent pour

« boire ainsi. C'est l'ivresse qui plaît. Il y en
« a qui, après avoir bu, restent couchés pen-
« dant vingt-quatre heures... » Voilà ce qu'ils
ont emprunté à notre civilisation. Ils ignorent
même la prohibition coranique des boissons
fermentées, la seule prescription de leur religion qui leur ait valu un progrès moral en
faisant des Arabes, grands ivrognes jusqu'au
temps de Mahomet, le peuple le plus sobre
de la terre.

§ 3. — BUDGET

Les quatre heures de travail que nous four-
nissons dans la matinée ne souffrant pas d'in-
terruption, il me faut prendre ma collation
matinale avant d'entrer à l'usine. Dans un
débit de quartier ou chez mes logeurs, je bois
un « café nature », qui coûte trente centimes,
et je mange un petit pain qui en coûte vingt.
Cette première dépense monte donc à cinquante centimes.

Chaque repas me revient à quatre francs
cinquante centimes ou cinq francs. Les por-

tions de viande et de légumes sont fort petites. Mon appétit n'est pas satisfait à moins de :

Deux portions de viande garnie.	3 fr. 40
Une portion de légumes......	o fr. 60
Deux morceaux de pain.......	o fr. 40
Un quart de litre de vin (demi-setier).....................	o fr. 60
Total........	5 fr.

Les ouvriers ne prennent généralement qu'une seule portion de viande.............. 1 fr. 70
Avec une portion de légumes.. o fr. 60

mais il y ajoutent :

Un fromage...................	o fr. 60
Deux morceaux de pain.......	o fr. 40
et assez souvent une chopine..	1 fr. 20
Total......	4 fr. 50

Quelques-uns consomment, en outre, un fruit (poire, pêche ou raisin)................... o fr. 60

Leur repas leur revient donc couramment à un prix variant entre quatre et cinq francs, soit, en moyenne, quatre francs cinquante centimes.

J'ai fréquenté de nombreux restaurants du quartier en constatant partout des prix semblables et la composition semblable des menus. Ce n'est qu'en dehors et assez loin de mon quartier, près de la gare d'Orléans, boulevard de l'Hôpital, que j'ai fini par découvrir une humble gargotte où le prix des portions (minuscules) s'élevait à trente centimes pour des haricots, cinquante centimes pour une saucisse aux pommes frites, quatre-vingt dix centimes pour un « bœuf garni », un franc pour un ragoût, et un franc dix centimes pour un bifteck aux pommes frites. J'y ai déjeuné avec :

Un demi-setier................	o fr. 60
Un morceau de pain..........	o fr. 25
Une saucisse aux pommes.....	o fr. 50
Un bifteck aux pommes.......	1 fr. 10
Des haricots.................	o fr. 30
Total.......	2 fr. 75

Il est vrai que je suis parti — conformément au conseil des hygiénistes — avec le sentiment de n'avoir commis aucun excès de nourriture.

Au delà de la Seine, rue de Charenton, j'ai découvert, un jour, une petite laiterie, minuscule et misérable, où se débitait café, lait, chocolat. J'y ai consommé un chocolat, qui avait le goût d'eau beaucoup plus que de chocolat et de lait, et une rondelle de pain; le tout pour quatre-vingt centimes. Une clientèle très pauvre y fréquentait : une vieille marchande des quatre-saisons, un ouvrier âgé, deux jeunes ouvriers s'y sont succédés. Puis, est entré un ouvrier endimanché, qui demanda un café, en grognant : « Pas de boulot au-« jourd'hui... Le travail est rare... » Et, ironiquement : « Et la vie est si peu chère ! Elle « diminue tous les jours ! »

« L'Union des coopératives » a ouvert dans Paris vingt-six restaurants qui permettent à l'ouvrier qui les fréquente de réaliser une légère économie : le vin rouge y est compté un franc cinquante centimes et le vin blanc deux francs soixante centimes ; les plats de viande coûtent dix centimes de moins que dans les autres restaurants. Deux des établissements de « l'Union des coopératives » sont ouverts dans mon quartier ; mais, comme celui-ci est fort vaste, il est impossible à la presque totalité des ouvriers qui y demeurent de profiter de cette légère mais tout de même appréciable réduction. Les consommateurs peuvent devenir coopérateurs en prenant des actions dont le revenu s'élève à six pour cent.

Il faut donc compter, dans le quartier de la Gare, sur une dépense quotidienne de neuf francs cinquante centimes pour la nourriture.

Le blanchissage pèse actuellement d'un poids très lourd sur le budget ouvrier. Il est impossible de donner à blanchir, chaque semaine, moins que :

Une chemise......	1 fr.
Un caleçon..................	1 fr.
Deux mouchoirs..............	0 fr. 30
Une paire de chaussettes......	0 fr. 30
	2 fr. 60

C'est-à-dire plus de trente-cinq centimes par jour.

Voici une autre note de blanchissage du linge de la semaine :

Deux chemises.. .... 2 fr.
Une flanelle................... 1 fr.
Un caleçon..... .... 1 fr.
Trois mouchoirs............... o fr. 45
Deux paires de chaussettes.... o fr. 60
____
5 fr. 05

Comme je me récrie à la vue de pareils ta-
rifs, la blanchisseuse me répond : « Comment
« voulez-vous que je fasse? Je paie mes laveuses
« — et il m'est difficile d'en trouver — quinze
« francs par jour, avec le vin et le café, pour
« huit heures de travail, au lieu de deux francs
« cinquante centimes, sans vin ni café, pour
« dix heures de travail, avant la guerre !... »

Ma dépense quotidienne minimum comporte donc nécessairement :

Nourriture......................... 9 fr. 50
Logement........................... 1 fr. 30
Journal............................ o fr. 15
Consommation offerte à un camarade.. o fr. 50
Blanchissage....................... o fr. 35
____
11 fr. 80

Le salaire minimum, celui d'un manœuvre,
est de seize francs quarante-quatre centimes

par jour pendant six jours, soit, pour les sept jours de la semaine, quatorze francs.

Il reste donc, chaque jour : 14 fr. — 11 fr. 80 = 2 fr. 20.

Soit, par an, huit cent trois francs pour les chaussures, le linge, le vêtement, le coiffeur (une coupe de cheveux coûte un franc soixante-quinze centimes), l'établissement de bains (les usines ne possèdent des douches que par exception et, même dans ce cas, ne présentent qu'une installation rudimentaire qui exige, de temps à autre, le recours à un bain plus parfait ; or, dans un modeste établissement du quartier, un bain simple coûte deux francs, une serviette vingt-cinq centimes, un savon vingt-cinq centimes, et il faut donner un pourboire) ; et pour de nombreuses dépenses qui prennent vite une grande ampleur dans un aussi petit budget : plumes, encre, papier à lettres, timbres-poste, savon, cirage, brosses, objets de toilettes, bougie (une petite bougie coûte cinquante centimes ; en m'en servant, le soir, pendant quelques minutes, pour me coucher et, le matin, pendant une demi-heure, je l'use en une semaine); enfin, un peu de tabac et, par hasard, un tramway, le métro, une distraction honnête.

Pour le budget d'une famille, on se rend compte que, si les dépenses de nourriture et de logement ne se multiplient pas par le nombre de têtes, il en va tout autrement des dépenses de chaussures, linge et vêtement.

Le salaire ici considéré est celui d'un manœuvre. Mais il convient de ne pas oublier que les manœuvres constituent la plus grande partie de la masse des ouvriers. Mon salaire étant le triple du salaire minimum des manœuvres parisiens d'avant-guerre, la relation reste la même entre le salaire et le coût de la vie qui a triplé. Ce n'était, d'ailleurs, qu'un salaire de début, et il aurait pu s'élever peu à peu jusqu'à dix-huit et vingt francs. Les ouvriers de métier touchent couramment de vingt-cinq à trente francs et, exceptionnellement, au delà de ce dernier chiffre. Dans ces conditions, la famille ouvrière connaît une certaine aisance si tous ses membres, ou du moins la plupart d'entre eux, travaillent et versent leurs salaires dans la bourse commune.

§ 4. — LA VIE DU QUARTIER

Le quartier de la Gare (comme, en général, tout le XIIIe arrondissement) jouit de beaucoup d'air et de lumière. Les constructions y sont généralement assez récentes ; les immeubles à étages multiples, fréquemment espacés ; les rues, assez larges ; l'aération, encore accrue par le grand nombre de places, boulevards et avenues, par les grands espaces qu'occupent la Compagnie d'Orléans, les fortifications et les quais. La population offre peu de densité. Les chantiers, ateliers et usines se succèdent tout le long des voies ferrées de la Compagnie d'Orléans. Le quartier formé comme l'ample faubourg d'une grande ville inconnue ; rien n'indique qu'il s'agisse d'une capitale, et qui soit Paris ; il faut atteindre le chemin de fer de ceinture, le fleuve, les abords de la banlieue, pour comprendre que cet horizon chargé de hautes

cheminées fumantes, de constructions mé-
talliques, de masures, de hauts immeubles
isolés, de bicoques, de jardinets, que cette
incessante circulation de tramways, de ca
mions et d'automobiles, cette perpétuelle
succession de bâtisses et d'enclos, ce bour-
donnement, cette rumeur, ces cris, cette
fumée chassée des fabriques et des gares, ne
peuvent appartenir qu'à Paris, au Paris des
travailleurs manuels, de la grande industrie,
à la plus vaste ville ouvrière de France.

Sur les murs de mon quartier, sont prodi-
guées les affiches révolutionnaires qui jettent
l'anathème à la réaction déchaînée contre la
Russie héritière des « grands ancêtres » de
Quatre-vingt-neuf et Quatre-vingt-treize. La
Confédération générale du Travail et *l'Humanité* tour à tour adjurent le peuple de se
refuser à collaborer à des guerres nouvelles
tout en lui adressant des appels peu déguisés
à la guerre civile.

J'entre au bureau de poste qui fait face à
l'église paroissiale, Notre-Dame de la Gare, et
je dois attendre que l'employé-chef ait fini

d’adresser au personnel féminin sa protestation exaspérée contre la voix des cloches qui, annonçant un mariage, troublait sa tranquillité physique et morale de fonctionnaire et d’esprit-fort.

A midi, les restaurants s’emplissent d’ouvriers. La plupart des clients mélangent d’eau leur vin pour réduire leur dépense. Ils consomment presque tous une portion de viande, une portion de légumes, un fromage, une chopine: ce qui leur coûte, avec le pain, de quatre francs dix centimes à quatre francs soixante-quinze centimes; et, parfois, ils prennent, en outre, un café. Dans le cabaret où j'ai pris place, mes deux voisins de droite tiennent des propos égrillards, tandis que mes deux voisins de gauche protestent contre l’impôt sur le revenu, qu’ils appellent, parce qu’il les atteint, « l’impôt sur les salaires ». L’un de ces derniers a tiré un papier de sa poche : « C'est « le deuxième avis du percepteur… cinquante « centimes de frais!.. Y m’font ch…! — Cent-« cinquante et un francs ? » fait l’autre, qui vient de jeter un coup d’œil sur la feuille

d'impôts. « Ils pourraient me les demander
« cent-cinquante et une fois ! — J'aimerais
« mieux, reprend le premier, faire quinze
« jours de prison que payer ça !... Et pour
« ce qu'ils font de notre argent !... La guerre
« en Syrie, par exemple... —Et en Silésie !...
« enchérit son compagnon. — Et en Cilicie !
« surenchérit l'autre. Ah ! là là ! Qu'on laisse
« donc les Polonais se débrouiller !... — Et
« un journal illustré qui représentait, l'autre
« jour, Millerand avec un drapeau !.. Quand
« je vois ça !... » Mais ils sentent tout de
même que le fisc est le plus fort, et que, si
l'on peut crier, il n'en faut pas moins payer.
L'ami de l'imposé finit par lui en donner indi-
rectement le conseil : « Tu devrais te faire
« dégrever pour ton enfant ! » Alors, l'autre :
« Ah ! c'est que... vois-tu... j'vas te dire... je
« suis veuf... je ne suis pas remarié... et
« l'enfant est de l'autre femme avec qui je
« vis... Alors... — Alors, moi, reprend l'ami
« avec colère, je leur dirais : dégrevez-moi
« ou je ne paie pas !... Dame ! tu vas payer
« comme si tu étais célibataire ! — Sans

« doute, fait l'autre, perplexe. Mais à qui
« s'adresser pour réclamer ? » Et, ayant ainsi
buté contre l'obstacle des formalités adminis-
tratives, contre la muraille de la procédure,
ils en restèrent là de leurs propos, laissant à
l'avenir et au hasard le soin de résoudre le
problème.

En fréquentant successivement un grand
nombre des divers restaurants du quartier,
j'entends, une autre fois, des ouvriers s'écrier
que « le gouvernement est un voleur; y a pas
« plus voleur que lui ! » Un autre s'indigne :
« Et il veut nous faire payer l'impôt! On a
« fait la guerre et il faut encore payer!... S'il
« veut de l'argent, il n'a qu'à tomber sur les
« riches!... »

Dans un certain bar-restaurant, un samedi,
prend place, à une table voisine, une femme
d'une trentaine d'années; elle porte une élégante toilette à corsage ouvert; sa chevelure
s'échafaude en une haute masse ondulée avec
minutie. C'est une employée de bureau; elle
prend là pension avec son garçonnet, âgé
d'une dizaine d'années, qui suce son pouce

éperdûment, à la grande admiration de sa
mère empressée à expliquer avec complai-
sance à ses voisins qu'il ne s'arrête de le
sucer, ni de jour, ni de nuit; l'enfant en conçoit une vanité immense, qui s'épanouit sur
son visage. A la table qui leur fait face, s'est
installé un couple ouvrier : la femme, vêtue
d'une robe rouge d'une élégance bourgeoise,
et l'homme, en chemise noire et complet gris,
mangent des huîtres. A une table proche,
viennent s'asseoir d'autres habitués : un
employé de bureau, familier et dédaigneux ;
un jeune homme d'une vingtaine d'années —
bagues aux doigts, chemise à long col échan-
cré sur la poitrine, veston bleu, pantalon clair.
Il dépose sur la table une gerbe d'œillets.
« C'est pour la connaissance? » demande
l'employé. « Trois francs pièce! » répond-il.
« Je viens de faire ma tournée des appareils
« automatiques... Vides ou à peu près... Ça
« ne rend plus... Les sous manquent... Ah !
« à moi, il m'en faut ! Je dépense, en boisson,
« vingt francs par jour... » Tous ces gens à
hauts salaires, nouveaux riches pressés de

jouir, se connaissant à peine, s'épient du coin de l'œil, passent brusquement de la réserve hautaine d'habitués des grands restaurants aux familières confidences ou vantardises des abonnés de gargottes faubouriennes, et, après s'être rengorgés en silence et mesurés à distance, se déboutonnent, se racontent et s'étalent pour étonner leur auditoire. Je fais tache, avec mon veston de coutil usagé et sale, ma chemise de cotonnade au col dépourvu de cravate, au milieu de ce beau monde qui a le bon goût de m'ignorer. Mais voici que deux jeunes et jolies femmes, maquillées et décolletées, demi-vêtues de satin noir, chaussées de souliers découverts, en velours noir et à talons hauts, font une entrée tapageuse et vont droit à leur chevalier servant, le jeune homme aux bagues et aux œillets, et l'embrassent avec effusion, au milieu d'exclamations joyeuses : « Ah! « des fleurs !... C'est gentil, ça !... » Derrière elles, une gracieuse fillette, très élégante, décolletée, poudrée. « Nous avons été la prendre à l'atelier », disent les deux autres, en la présentant à leur ami. Le chevalier des fleurs commande des apéritifs. Tout ce beau monde s'assied, s'attable : le protecteur, ses deux protégées et la petite qu'elles pilotent et qui n'en est pas à sa première leçon. Centre de tous les dîneurs, point de mire de tous les regards et lieu de convergence de toutes les envies, ils éblouissent, ils éclipsent, ils écrasent : jeunesse, toilette, bijoux, plaisirs, ils ont tout, ils sont tout cela, ils emplissent tout le restaurant de leur triomphe.

Le lendemain dimanche, à midi, je retrouve plusieurs des pensionnaires de la veille : l'ouvrier en chemise noire et complet gris, sa femme en négligé du faubourg, première toilette matinale pour le petit lever, l'employé de bureau... Mais la place des belles de nuit et du jeune homme aux œillets rouges reste vide : il est encore beaucoup trop tôt pour qu'ils puissent décemment reparaître. En revanche, une dame, d'âge un peu mûr, déjeune face à un jeune nègre qu'elle dévore des yeux et qui se laisse faire ; la sœur de l'amoureuse accompagne le couple, chaperonnée par un adolescent de quinze ans, avec lequel elle prend des attitudes et échange des réflexions qui pourraient inquiéter — s'ils n'étaient des esprits libres et des moralistes très laïques — ceux qui, tout autour d'eux, savent qu'elle est sa mère.

Le cinéma du quartier est ouvert tous les soirs, sauf le mardi et le mercredi ; il donne une matinée le jeudi et le dimanche. Les places coûtent un franc vingt-cinq centimes, un franc cinquante centimes, un franc soixante-quinze centimes et deux francs. Le samedi soir, il fait salle comble ; il réunit mille à douze cents personnes : familles, bandes d'enfants, groupes de jeunes gens et de jeunes filles ; leurs habits de travail donnent à la salle cette tonalité grise qui trahit la foule travailleuse et pauvre. Les films les transportent dans le monde de la richesse et du plaisir. Ils semblent goûter ce spectacle autant que les romans-feuilletons qui les entretiennent d'un grand monde conventionnel en distribuant à leur imagination le pain des illusions ; ils se complaisent à s'évader ainsi, pendant quelques heures, de la tristesse de leur propre vie. Il ne s'agit que d'histoires d'amour, mais dont il semble se dégager cette conclusion morale que toute aventure hors des frontières du devoir tourne toujours mal. Pour ce qui est de quelques attitudes un peu osées, d'ailleurs très rares et esquissées à peine, il n'y a rien à apprendre aux enfants qui viennent là. A onze heures trente, la foule s'écoule paisiblement et se disperse par les rues, rentrant au logis.

L'après-midi du dimanche, le resplendissement du soleil d'automne nuit à la représentation cinématographique. L'attrait de la promenade en détourne le public. Le tiers à peine des places est seulement occupé, et par une nuée de gamins auxquels s'ajoutent quelques jeunes gens et quelques jeunes filles dont plusieurs ont l'attitude provocante de de quêteuses d'aventures. Les films qui leur sont présentés ne traitent guère que d'adultères ou d'amourettes passagères qui se déroulent dans des milieux équivoques et s'agrémentent d'attitudes lascives. La coédu-

cation des sexes ainsi pratiquée en images
de lumière complète les leçons plus ternes,
verbales ou livresques, de l'école. Un autre
dimanche, je vais en matinée à l'un des cinémas de l'avenue des Gobelins. La salle est
remplie par une foule d'ouvriers endimanchés.

Dans ces différents cinémas, les « actualités »
projetées sur l'écran peuvent présenter au
public des silhouettes de prêtres et d'évêques,
des cérémonies religieuses, sans provoquer
des railleries, des huées ou des coups de
sifflet. C'est là un symptôme caractéristique
qui différencie nettement cette période d'après
guerre de la période d'avant-guerre. Les
excitations anti-cléricales ont cessé : l'anticléricalisme cesse ; il sommeille. Il est le produit artificiel d'une propagande dont la violence fait sa violence.

Les journaux les plus lus par la population
ouvrière du quartier sont, d'abord, *Le Petit
Parisien*, puis *L'Humanité* et *L'Œuvre*. Chez
un marchand de journaux voisin de mon
garni, je compte, le matin, à la première
heure : quatre piles du *Petit Parisien*, deux

de *L'Humanité*, deux de *L'Œuvre*, une du *Journal* et une du *Matin*. Aux étalages des divers marchands de quotidiens, s'étalent : *Le Populaire*, *Le Journal du Peuple*, *La Vague*, *Bonsoir*, *La Vie ouvrière*, *Le Libertaire*, *Le Communiste*, *Clarté* — que lisent les militants.

Voici de quels enchantements on amuse et on berne le prolétaire :

«Lénine prononce un discours à un meeting
« d'ouvriers. Il parle avec une langue de fer,
« avec la logique d'une hache... Il parle tou-
« jours de la même chose : de la nécessité
« de supprimer jusqu'à la racine l'inégalité
« sociale des hommes ; et des moyens d'y
« parvenir. Cette antique vérité retentit sur
« ses lèvres avec un son âpre, implacable...
« Je comparerais le travail de sa pensée aux
« coups d'un marteau qui, doué de la vue,
« écrase et détruit précisément ce qui, depuis
« longtemps, doit disparaître... Comment
« Lénine voit-il le monde nouveau ? Et devant
« moi se déroule le tableau grandiosé de la
« terre devenue une émeraude gigantesque,

« ornée des facettes du travail d'une huma-
« nité libre. Tous les hommes sont raison-
« nables et chacun a le sentiment de la res-
« ponsabilité personnelle pour tout ce qui
« est fait par lui et pour lui. Partout, des
« villes-jardins renfermant de majestueux
« palais. Partout, travaillent pour l'homme
« les forces de la nature, soumises et organi-
« sées par son esprit... Son énergie physi-
« que ne se perd plus en un travail grossier
« et sale ; elle se transforme en énergie spi-
« rituelle... Réellement affranchie enfin, la rai-
« son de l'homme... est devenue intrépide.
« Intrépidité de l'esprit et sagacité profonde
« en matière politique, tels sont les traits
« essentiels de la nature de Lénine (1). »

Je n'ai trouvé qu'une petite feuille syndica-
liste hebdomadaire, dirigée par Jouhaux et
Merrheim, *L'Atelier*, qui combatte le bolchevisme russe et oppose (dans son numéro du
18 septembre 1920) les douloureuses observations que Philipp Snowden a rapportées

1. *Lénine*, par Maxime Gorki, dans *L'Humanité* du
9 septembre 1920.

de Russie au tableau paradisiaque que Cachin et Frossard ont tracé du régime des soviets.

Si l'idéal de ces bolchevistes se réalisait, la révolution qu'ils déchaîneraient bénéficierait de l'appoint d'émeutiers et surtout de pillards que des milliers d'ouvriers arabes du XIIIe arrondissement ne manqueraient pas de fournir et qui maintenant, leur travail terminé, se promènent si paisiblement chaque soir sur le Boulevard de la Gare ou emplissent de leur foule engourdie et murmurante les salles des cafés et les débits des hôtels meublés de cette large avenue.

Entrant par hasard dans une boulangerie du quartier, j'entends la porteuse de pain expliquer à la patronne qu'une des clientes ne peut véritablement pas payer. La patronne répond : « Sans doute. Mais moi, je ne puis « pas perdre deux francs cinquante par jour ! « Voilà dix-huit francs dus pour cette se-« maine. Je n'ai pas le moyen de continuer « comme ça. La semaine prochaine, ça sera

« trente-six francs. Qu'elle aille à la mairie !
« — La mairie répond qu'elle n'a qu'à envoyer
« ses enfants au Dépôt... » L'administration
travaille à dissoudre la famille.

Aux messes matinales du dimanche, l'église
paroissiale, Notre-Dame de la Gare, est aux
deux tiers vide. A onze heures et demie, elle
contient difficilement les douze cents fidèles
qui s'y pressent. L'assistance s'écoulant à
rangs pressés sur les marches du haut per-
ron, un ouvrier d'une quarantaine d'années,
haut en couleur et large d'épaules, qui traversait la place, s'écrie, en prenant joyeusement
à témoin des ouvriers attablés à la terrasse
d'un café : « La sortie du beuglant ! » Et il
s'éloigne sans trouver d'écho, enchanté néanmoins d'étaler tant d'esprit et fier d'avoir
manifesté sa supériorité.

Sur ce terrain populaire, si travaillé par les
mauvais semeurs, les fleurs vénéneuses lèvent
de toutes parts. Non loin de la place d'Italie, s'est édifié un grand immeuble dont les
murs aveugles se dérobent derrière une co-
lonnade inspirée par des réminiscences de

l'Egypte des Pharaons. De larges inscriptions proclament « Le Droit humain » — « *Ordo ab chao* » — « La femme, ayant les mêmes devoirs que l'homme, doit avoir les mêmes droits. » Cette maison close, où le « chaos » se prépare, est sûrement une Loge : d'hommes ? de femmes ? ou mixte ? (1)

Près de la place d'Italie, s'élèvent un petit temple luthérien, dont la rareté des fidèles permet la fermeture pendant les grandes vacances d'été, et le temple de l'ex-Père Hyacinthe, aujourd'hui rattaché à la secte janséniste d'Utrecht et où la messe n'est célébrée que deux fois par mois.

Au pied de la Butte-aux-Cailles, les Antoinistes ont édifié un petit temple. Une inscription, placée près de la porte, le proclame ouvert jour et nuit à ceux qui souffrent. J'y entre un dimanche matin, à l'heure de l'office.

1. D'autres édifices mystérieux, de construction récente, ont surgi çà et là dans Paris : près de la Bastille, une moderne Bastille, hermétiquement close, sollicite le passant par cette enseigne prometteuse : « La paix de l'âme ». Près de l'Ecole militaire, c'est la façade tapageuse d'un « Temple théosophique », séductrice autant qu'un cinéma ou un music-hall.

La petite salle, qui peut contenir un peu plus d'une centaine de personnes, est emplie de fidèles : une vingtaine d'hommes et de femmes, tous vêtus de noir ou d'étoffes sombres. Immobiles, le regard fixe, ils écoutent, dans un recueillement profond, la lecture des « Œuvres » du « père » Antoine, que leur fait l'officiant, un homme déjà âgé, vêtu d'une longue lévite noire, assis dans une petite chaire au-dessus de laquelle s'étale, peint sur un panneau de verre, un arbre défini par cette formule : « L'arbre de la science de la vue du mal. » Et le mur du fond porte, écrit en lettres capitales : « L'enseignement du Père, « c'est l'enseignement du Christ révélé à cette « époque par la Foi. Un seul remède peut « guérir l'humanité, la Foi. C'est de la Foi « que naît l'amour... »

D'une voix lente et monotone, nue et grise comme les murs de cette salle, le lecteur laisse tomber les phrases obscures où, revenant sans cesse, les mots « foi », « croyance », « Dieu », « conscience », « Providence », « le Père », s'amalgament. Mais, tout d'un coup,

dans cette rédaction brumeuse, fulgure l'erreur infâme : «... Ce n'est que par la forme
« que les religions diffèrent... Si Dieu ne peut
« faire le mal, il n'est pas libre... C'est nous
« qui faisons Dieu à notre gré... Croyons que
« nous sommes Dieu nous mêmes ; croyons
« que nous pouvons ce que nous voulons...
« Je puis maintenant vous révéler ce qu'il en
« est de la conversion d'Adam. Il est faux
« que nos premiers parents aient péché.
« Adam, c'est le moi conscient ; Eve, le moi
« intelligent. Tout être doit passer par l'in-
« carnation pour jouir du vrai bonheur...
« Adam vivait en Dieu, mais ne pouvait le
« comprendre parce qu'il était inconscient.
« Adam est venu apprendre sur la terre le
« bonheur dont il n'avait pas conscience. Le
« serpent est la loi de la liberté. La loi divine
« n'interdisait pas à Adam d'aller à Eve. Nous
« allons à Dieu par l'amour du prochain. L'a-
« mour vrai anéantit toute loi. Nous ne res-
« sentons l'amour qu'à travers notre sem-
« blable. En se rapprochant d'Eve, Adam
« fonde l'édifice de la solidarité. Disons,

« comme Eve, que le serpent était le vrai
« Dieu. C'est par un effet de la Providence
« qu'Adam va vers Eve pour développer l'em-
« bryon de l'amour... Eve lui apparaît avec
« l'arme de la vérité, le serpent. On ne peut aller
« à Dieu que par son semblable. Eve l'apprend
« à Adam. Lui montrant le serpent : Voilà,
« lui dit-elle, le vrai Dieu, auquel vous ne
« pouvez aller que par moi, par la solida-
« rité ; alors les lois n'existeront plus pour
« nous ; l'amour les aura surmontées... »

Ainsi donc, « le Serpent, voilà le vrai Dieu ».
Il est « la loi de la liberté ». Libre, il « peut
faire le mal ». Or, « nous sommes Dieu nous-
mêmes », et par conséquent libres, et libres
de faire légitimement le mal : « nous pouvons ce que nous voulons ». C'est « l'incar-
nation » qui permet aux êtres de « jouir du
vrai bonheur » — donc, le bonheur charnel
— dans « l'amour du prochain », amour que
« nous ne ressentons qu'à travers notre semblable », comme « Eve l'apprend à Adam »; et
cet « amour vrai anéantit toute loi ». « Croyons
« que nous pouvons ce que nous voulons. »

Les élucubrations, dont Antoine a noirci des pages d'une incohérence rédactionnelle fatigante, cachent le vieux levain panthéiste et aphrodisiaque des manichéens et des cathares, et la perversion secrète de ces doctrines apparaît tout à coup, à certains détours du texte, en formules infernales. Autodidacte et à demi dément, Antoine retrouve dans ses rêves confus les vieilles inspirations familières aux religions sataniques et au Maçonnisme ; et il leur recrute, par des promesses de cures corporelles, tous les imaginatifs, ignorants, crédules, névropathes, que les milieux populaires offrent toujours comme une proie toute prête pour les charlatans qui passent : le service rituel terminé, l'officiant se rend dans une petite pièce où il reçoit ceux qui viennent le consulter pour leurs troubles d'âme, leurs peines de cœur ou les maladies dont souffre leur corps. Ainsi s'établit la légende de l'antoinisme guérisseur qui, à l'imitation de la secte protestante des « Christian scientists », spécule sur les guérisons apparentes que la suggestion produit.

A la porte du temple, à l'issue du service, se vendent un « *Bulletin* » mensuel et des brochures, comme *L'Unitif*, où je lis : « Nous « sommes tous des dieux » (1).

Ainsi, dans ces milieux populaires, ignorants et déchristianisés, foisonnent et pullulent, comme sur un fumier de misère intellectuelle et morale, tous les champignons du Mal et du Pire.

Cette misère s'épanouit dans le sauvage abandon de la zone des « fortifs » : derrière le Petit-Ivry, s'étale, à partir de la Barrière d'Italie, le Kremlin-Bicêtre, un amas, à perte de vue, de baraques misérablement façonnées avec des débris de tôle, des planches, des morceaux de toile et de boîtes de conserves, sortes de cabanes à lapins semées au milieu

1. *L'Unitif*, n° 6, page 11. Dans *l'Invasion*, où M. Louis Bertrand a fait une description si approfondie de la vie et de la psychologie ouvrières, on remarquera, au milieu de traits d'une exactitude rigoureuse et évocatrice, l'étude de l'influence exercée sur quelques ouvriers par les sociétés théosophiques, filiales, comme la secte antoiniste, de la Franc-Maçonnerie.

de petits enclos cultivés et où gîtent des chiffonniers et leurs barbiers et cafetiers. Les
enfants pullulent, vêtus de loques. Les jardinets et les tas d'immondices s'entremêlent.
Une forte odeur se dégage de ce pays
étrange qui, aux portes de la cité la plus raf-
finée du monde, étale le spectacle du retour
à une vie barbare. Qui civilisera ce peuple,
le tirant de son dénûment matériel et éclai-
rant son âme ? Dévalant la pente de la col-
line, la foule des gourbis se presse dans la
verdure des jardins jusqu'aux approches de
la Seine. Plus d'une fois, à la sortie de l'u-
sine, j'ai franchi les portes de la ville
pour regarder, du bord des eaux qui cou-
raient vers la Nef de la Cité, cette multitude
de masures, couvertes à demi de plantes
grimpantes et piquetant de taches grises les
potagers, les haies fleuries, les bosquets des
pauvres. Dominant la vallée fumante de cheminées d'usines, ce mélange d'ordure et de
grâce s'étalait sous le manteau de lumière
dont le vêtait la splendeur du soleil d'automne. Un jour, je continuai de marcher sur

la route d'Ivry et, étant entré dans un débit
de vins dont la cour se flanquait de tonnelles
poussiéreuses et où deux ouvriers s'étaient
attablés devant un verre de vin, j'entendis
l'un soupirer : « Quand donc qu'on sera
« riche ! » et l'autre s'écrier : « Quand on sera
« entre quatre planches !... Et puis, à quoi
« ça te servirait d'être riche ? Tu te soûlerais
« tant, chaque jour, qu'avant une semaine tu
« serais mort! » Mais je songeais que peut-être
ces ouvriers valent mieux que nous : ils ont
leurs défauts; les hautes classes ont des vices
et les cultivent. Quand on songe, d'autre
part, au peu qu'ils ont reçu et à tout ce que
ces humbles serviteurs de la société lui ont
donné, à tout ce que nous avons reçu et au
peu que nous donnons, on se demande avec
effroi si la balance de la justice ne s'inclinera
pas du côté du plateau où ils ont jeté leurs
peines.

Le quartier de Notre-Dame de la Gare, ré-
gion laborieuse, calme et provinciale, où

l'agitation des Gobelins et de la Place d'Italie ne se propage pas, où viennent même s'éteindre les dernières rumeurs de Paris, tombe au sommeil avant que sonnent dix heures du soir ; depuis longtemps déjà, les magasins sont clos, les rues désertes et, généralement, les débits vides. Dans ce quartier du travail, chacun sè hâte de prendre son repos et de réparer ses forces pour recommencer le lendemain le labeur de chaque jour.

Ainsi que dans toutes mes précédentes enquêtes, ma fatigue va croissant, de façon très nette, du commencement à la fin de la semaine. La coupure du repos hebdomadaire est donc nécessaire au travailleur.

Les huit heures quotidiennes suffisent à exercer ses forces sans les épuiser : en quittant l'usine, le soir, je n'éprouve plus l'abrutissement que dix heures de travail me causaient, mais seulement une légère fatigue qui se dissipe assez vite. De plus, je trouve le temps, rentré chez moi, de procéder aux soins de la toilette, puis de lire ou d'écrire et de faire une petite course, un achat avant l'heure du dîner. Le père de famille peut désormais vivre un peu au milieu des siens. Après le repas du soir, il devient possible de lire ou d'assister à une réunion professionnelle et de se coucher encore assez tôt pour prendre tout le repos nécessaire. On n'est plus contraint de se lever à une heure trop matinale, mais seulement entre six heures et six heures trente. Bref, la journée de huit heures permet à l'ouvrier de redevenir et de se sentir homme. Sans doute, la production devient plus coûteuse et le produit plus cher; mais tout se paie et les avantages de la journée de huit heures sont tels qu'il n'est pas trop cher de les payer à ce prix.

Ces plus grands loisirs sont-ils bien employés ? La semaine anglaise serait extrêmement utile à l'ouvrier s'il recevait de son éducation l'art d'en tirer parti. Les circonstances actuelles ne se prêtent guère à l'octroi du libre après-midi du samedi et peu d'ouvriers en bénéficient. Aucune des usines où j'ai travaillé avant la guerre ne le pratiquait. Un des pensionnaires de mon hôtel meublé jouit de ce privilège. Un samedi, comme je rentrais, à la fin de l'après-midi, dans le débit de mon logeur, une femme, du seuil de la porte, allongeant le nez à l'intérieur de la salle, demande : « Avez-vous vu mon amou- « reux ? » Le patron répond : « Oh ! il est « couché ! Vous comprenez, il a fait la « semaine anglaise... Alors... »

L'utilisation des loisirs pour le perfection- nement intellectuel et moral de l'homme sup- pose l'acceptation de certaines idées direc- trices de sa vie et par suite son agrégation à certains groupes directeurs de son activité. L'emploi du temps libre dépend des principes sur lesquels sont fondées la société civile, les sociétés professionnelles, la famille, et dont la conscience de l'individu s'inspire. Notre société moderne laïcisée a pris pour règle des mœurs le plaisir matériel immédiat ; la dis- persion ouvrière, due à l'absence de tout centre coordinateur professionnel, a livré chaque travailleur à la tyrannie de cette règle. Les ressources qu'un travail mieux rémunéré procure à l'ouvrier, au lieu de contribuer à la constitution d'une fortune collective qui, dans le cadre professionnel, assurerait le travailleur contre les incertitudes de la vie, sont dissipées au jour le jour, au hasard des sollicitations du plaisir.

Actuellement, toutefois, il ne paraît pas que les heures de liberté et l'argent soient absorbés par le cabaret. Les débits pullulent. Mais on y consomme beaucoup moins qu'avant la guerre et il semble même qu'ils soient beaucoup moins fréquentés. Une sobriété certaine s'est substituée aux fréquents excès, à l'intempérance habituelle d'autrefois. Un calme provincial enveloppe tout ce quartier laborieux. Chacun vit chez soi, ou, pendant les beaux jours, goûte, sur le seuil du logis, la paix de la nuit commençante. Mon hôtel garni est toujours tranquille et silencieux. A peine entend-on parfois entrer ou sortir les locataires. Certains soirs, une petite clientèle familière vient jouer à la manille dans le modeste débit. En mon obscure chambrette, c'est l'isolement et le silence, la tristesse et l'oubli, le repliement dans l'humble et incertaine tâche, monotone et grise. Par le trou qui me donne un peu d'air et de jour, j'aperçois quelquefois un locataire traverser la cour, une femme venir puiser de l'eau ou tendre sur des cordes sa lessive. Au fond, tout en face, s'allonge la façade d'un immeuble occupé par des logements ouvriers : à la tombée du jour, l'homme s'accoude à la fenêtre, en manches de chemise, sa toilette achevée; j'aperçois le profil d'une femme penchée sur sa machine à coudre, une lampe suspendue au plafond, une crédence chargée de vaisselle, une armoire à glace — ce mobilier modeste qui garnit tout logement d'ouvrier dès que la famille a pu en supporter la dépense. Puis, très vite et bien avant que le crépuscule ait commencé d'assombrir le ciel, la cour et la façade de la maison voisine, la nuit s'est épaissie dans mon étroit refuge et, si je ne veux sortir ou ne puis supporter la dépense d'éclairage pour la veillée solitaire, il ne me reste qu'à m'étendre sur ma dure et étroite couchette pour y attendre le sommeil.

CHAPITRE II

LE QUARTIER DE VAUGIRARD
DÉCAPEUR SUR MÉTAUX

---

§ I. — LE LOGIS ET LE QUARTIER

Au rez-de-chaussée du garni ou je trouve
une chambre libre, s'ouvre un débit-restaurant. Une entrée distincte de celle du débit
donne accès dans une petite cour où un
escalier conduit à la galerie de bois qui dessert
l'unique étage. Ma chambre mesure deux
mètres cinquante centimètres de profondeur
sur un mètre cinquante centimètres de lar-
geur et prend jour par une fenêtre sur la rue.
Elle est meublée d'un lit de fer, d'une chaise,
d'une petite table pour la toilette et d'une
sorte de petit meuble muni de deux tablettes.
Uue planche est fixée au mur. Le logeur
fournit un bougeoir et une serviette de toilette

grande comme une serviette à thé. Close de murs aussi minces que des cloisons, ventilée par une fenêtre sur rue et une porte sur cour, dépourvue de grenier, démunie de tout moyen de chauffage, cette chambre doit être glaciale, l'hiver. Le logeur m'assure qu'elle a toujours été habitée par des locataires convenables et qu'il n'a jamais voulu la donner à des filles qui la sollicitaient. Je paie quatorze francs par semaine.

Sur le fond de la cour intérieure, fort petite, s'ouvrent plusieurs chambres meublées habitées par quelques familles. Les familles ouvrières qui vivent dans les hôtels meublés comptent parmi les plus misérables et souvent subissent ainsi la peine de l'inconduite; mais des circonstances malheureuses, maladie ou chômage, peuvent les contraindre à vendre leurs meubles ou les empêcher d'en acheter et les amener au garni ou les y retenir.

Le soir du premier lundi que je passe dans ma nouvelle chambre, dès huit heures j'entends les éclats d'une violente dispute retentir dans une des chambres situées au fond de la cour. La femme, accoudée au balcon, crie : « Si ton père est saoûl, qu'il aille se « coucher et nous f... la paix ! Quoi ! à mon « âge, à trente-neuf ans, je me laisserai traiter « de p..., de fumier, de vache !... » Une voix d'enfant, claire, argentine, suppliante, s'élève de la chambre : « Tais-toi, maman... et toi, « papa, tais-toi !... » L'homme gronde, au fond de la pièce, des mots violents qui se perdent dans la nuit ; et la cour résonne des éclats de voix de la mère : « Alors, je le lais- « serai ordonner à une gosse de sept ans : Dis « m... à ta mère ! Ah ! non, alors ! Faudrait « être une feignante, N. de D... ! » Mais la voix de la fillette reprend, plus pressante, calme et ferme dans sa douceur : « Mais ne « parle donc plus, maman !... Et toi, papa, ne « dis plus rien !... » Et comme ils s'obsti- nent, elle s'obstine à son tour : « Tais-toi, «papa! Tais-toi, maman!» Un instant, ils font silence. Mais, comme l'ivrogne a de nouveau poussé un grognement : « Tiens ! s'écrie la « mère, tu l'as entendu, Françoise ! le voilà

« encore qui m'eng... ! — Mais tais-toi donc,
« maman ! reprend la petite. Tais-toi, père!... »
Et, après une minute de silence, la mère soupire : « Qu'il boive dans la journée, quand
« il n'est pas ici !... Mais quand tu rentres,
« tiens-toi donc bien, au lieu de faire le boucan
« dans toute la maison ! — Mais oui ! reprend
« doucement la petite ; mais oui, papa, bois
« beaucoup de vin pendant ton travail, mais
« pas ici, le soir... » Et la paix se refait, à sa
voix, pour quelques instants encore. « Va te
coucher ! » commande la femme à son mari,
en ponctuant cet ordre de mots énergiques.
L'ivrogne maintenant se taît...

Voilà le milieu où il me faut vivre : le
travail terminé, les débits de vins, les bals
ou cinémas de quartier me sollicitent, à
moins que je ne me rende à la foire permanente
de la rue de la Gaîté où que je ne m'enferme
dans mon étroite cellule où retentissent les
bruyantes misères du voisinage. Des bruits
de voix me parviennent à travers les cloisons : je ne puis même pas vivre en ermite
dans ce triste ermitage.

Deux jours plus tard, j'entends, dans la chambre du fond de la cour, les enfants rire, le père chantonner, la mère plaisanter : la paix et la joie sont revenues parce que le chef de famille ne s'est pas enivré.

Le samedi suivant, à l'heure du dîner, la fillette se tenait dans le débit, aidant la patronne à éplucher ses légumes tout en guettant la rentrée du père... Il arrive : un ouvrier du bâtiment, un charpentier à la large culotte de velours, grand et fort ; une tête de brute avinée ; un nez effondré d'hérédo. Il est calme et il marche droit... Il marche droit sur le comptoir et il buvait déjà un apéritif quand, prévenue par la petite qui s'était empressée auprès d'elle, la mère est survenue en hâte : une femme vieillie avant l'âge, les traits tirés, l'air hébété et, inscrite dans ses yeux et sur son visage, la vie d'enfer menée depuis des années avec un ivrogne brutal ; des vêtements misérables. Elle dit doucement à son mari : « Enfin, te « voilà, je suis contente. » L'autre, froidement : « Je suis venu directement ; mais

« j'avais pas de montre. » L'apéritif bu, toute la famille regagne sa chambre.

Le lendemain soir, un dimanche, dans le débit, à une table voisine de la mienne, s'assoient un vieil homme, une vieille femme, à l'aspect de chiffonniers miséreux, leur fille et un jeune homme avec lequel elle s'est mise en ménage et qui vient demander au charpentier de l'embaucher sur son chantier. La femme de l'ivrogne survient d'abord et, entrant en conversation avec ces gens qu'elle connaît et qu'elle attend, elle leur explique que « les filles-mères sont plus avantagées « pour leurs enfants que les femmes mariées ». Dès que l'homme apparaît, l'enfant du patron se hâte vers lui et l'appelle « papa ». Le patron soupire : « Il appelle tout le monde — papa. «C'est un bâtard.» Les quatre consommateurs offrent l'apéritif au charpentier qui promet de faire embaucher, le lendemain, le jeune homme : « Tiens ! ajoute-t-il de sa voix de « rogomme, je vais également faire embau- « cher Pierre, qui est là... »

Pierre frise la trentaine. C'est un bellâtre

qui, depuis le matin, fait la roue devant le comptoir. La femme du logeur le couve des yeux. Il est chaussé de bottines jaunes, culotté de velours aux larges formes bouffantes, ceinturé de bleu ; le plastron de sa chemise blanche à fleurettes bleues s'étale sous le veston bleu marine ; il ne porte pas de faux-col, mais un foulard de soie violette noué sur la nuque encercle son cou ; un mouchoir de soie mauve s'échappe à demi de la poche de côté du veston. Pierre est coiffé d'une casquette bleu marine. Il est rasé de frais. Il est grand, large d'épaules et s'étudie à faire des effets de torse. La femme du logeur l'interpelle, de temps à autre, de sa voix la plus douce ; elle a piqué un œillet à son corsage et elle dit aux clients qu'elle sert et qui la complimentent sur cette belle fleur : « Voilà un cœur à « prendre !... »

... Je dormais depuis plusieurs heures lorsqu'un pas furtif, sur le balcon de bois, m'éveille, quelqu'un frappe à la porte d'une chambre et dit, à mi-voix : « Ouvre !... Mais « ouvre donc ! c'est moi !... Comment ! ce

« n'est pas moi ?... Allons ! ouvre, te dis-je !
« Il faut que je te parle !...» La voix, une voix
d'homme, que je crois reconnaître, sourde,
douloureuse, s'étrangle en un sanglot. La
porte a livré passage au visiteur nocturne et je
l'entends qui continue, plaintif : « Ainsi, voilà
« ce que tu m'as fait, ce soir !... C'est dégoû-
« tant ! C'est dégueulasse !... C'est bon ! c'est
« fini entre nous ! je pars... — Couche au
« moins ici, répond tranquillement la femme,
« tu partiras demain matin. — Non ! tout de
« suite ! c'est fini ! Je ne te reverrai plus !...
« jamais !... » La porte, tirée doucement, se
ferme sans bruit. J'entends un sanglot étouffé,
des pas furtifs et rapides, le bruit sec de la
porte de la rue qui se referme... Ah ! la tristesse des garnis ouvriers ! les leçons qu'y reçoivent les jeunes gens venus de province, les
enfants qui y grandissent !

... Le lendemain lundi, à sept heures du
soir, le patron, à son poste, sert les clients
comme de coutume. Le beau Pierre rentre,
plutôt défraîchi : les bottines jaunes sont
salies, le veston est frippé, le foulard et le

mouchoir de soie ont disparu; de la casquette
s'échappent des mèches de cheveux en désordre. Pierre a l'air sombre, un peu hagard,
le regard morne, et il titube avec ampleur. Le
patron l'aide à s'asseoir et lui place sous le
nez un bol de soupe que Pierre s'obstine à
contempler stupidement. Madame, froide et
distante, jette sur ces gens des yeux hautains.
Trois jeunes ouvriers maçons, d'une vingtaine d'années, qui prennent ici pension pour
le repas du soir, surviennent et l'un d'eux
s'exclame : « Ah ! Pierre a son compte !
« Dame ! hier, il déclarait qu'il n'avait pas
« pris de cuite depuis deux mois! Il s'est rat-
« trapé, aujourd'hui ! — Bah ! poursuit l'autre,
« ce matin, je ne suis rentré au chantier qu'à
« dix heures, avec dix demi-setiers (deux
« litres et demi) dans le corps ! — Et moi
« ajoute le plus jeune, c'est hier que j'avais
« mal dans le crâne ! » Ils fleurent encore
leur province, tous les trois, et déjà leurs
manières de croquants sont mâtinées de
façons de gouapes. La conjonction de leur
origine rurale et de leurs stages parisiens

donne ce beau produit. Ils bousculent le patron, ne sont jamais servis assez vite ni assez bien, commandent haut et ferme, crient qu'ils vont partir si le plat n'est pas cuit dès la commande faite.

A côté de ces ouvriers, prennent place des pensionnaires d'une autre sorte : un vieux couple d'ouvriers aux façons silencieuses et polies et deux jeunes couples d'employés qui étalent, dans le décor de misère de ce cabaret, leurs faux-cols et manchettes amidonnés, des complets à la mode, des fourrures, chapeaux à plumes, bagues et chaînes d'or.

Dans la chambre qu'une mince cloison sépare de la mienne, gîte un couple que je n'ai jamais vu ; mais, tout un dimanche matin, à travers la cloison, ç'a été le tapage d'une furieuse dispute. L'homme ne cessait d'injurier la femme, de la traiter de menteuse, de menacer de la battre. Elle pleurait, protestait, se fâchait, lui tenait tête. L'autre se faisait plus dur, plus brutal, cherchant, en vain d'ailleurs, à l'exaspérer pour trouver prétexte à la rouer de coups. Et la scène s'est poursuivie, monotone, pendant si longtemps que je dus partir, lassé de les entendre. Le lendemain, le ménage, ou faux-ménage, était réconcilié et on les entendait échanger en silence, sans répit, des baisers bruyants.

Sorti de l'hôtel meublé, je ne trouve dans mon quartier aucune autre distraction que celle des cabarets, des bals et de deux ou trois petits cinémas. Mais tout cela est calme et vieillot comme au fond d'une province lointaine. Seules, trois ou quatre longues artères, qui traversent tout le quartier de Vaugirard, gardent quelque chose de l'activité de Paris ; mais leur agitation, limitée du reste à certaines heures, meurt dans le réseau des rues adjacentes qu'envahit la torpeur des villes en sommeil. Des boutiques et des cabarets se succèdent au rez-de-chaussée de maisons à un ou deux étages parmi lesquelles surgissent de temps à autre de hauts immeubles neufs. L'air et la lumière s'y répandent en abondance. Des chantiers, des terrains vagues forment çà et là autant de zones plus vastes d'aération. Les rues, mornes tout le long du jour, s'animent au commencement et à la fin de la journée de travail, lorsque le flot des employés et des ouvriers descend dans Paris ou revient au faubourg. Le dimanche matin, une grande animation se produit autour de Saint-Pierre de Montrouge, Notre-Dame de Plaisance, Notre-Dame du Rosaire, aux heures de sortie des messes, lorsque le flot des fidèles que ces églises ont peine à contenir se répand dans la rue. Le curé du Rosaire a pris la très heureuse initiative d'ouvrir près de la paroisse une école professionnelle d'ouvriers-mécaniciens. Le visiteur est frappé par l'air de franchise et de bonne humeur, d'honnêteté et d'intelligence des jeunes gens qui y sont groupés : enfants du faubourg, aucun n'est affligé de cette expression de tristesse ou de dureté et parfois d'insolence et d'hostilité qui se lit sur la figure de trop de jeunes ouvriers parisiens. Le milieu façonne les âmes et elles modèlent les visages ; une certaine atmosphère morale imprègne de moralité ceux qui s'y meuvent.

Les Arabes qui travaillaient dans le quartier de la Gare à nettoyer des briques n'avaient jamais dépassé, au cours de leurs promenades, la Place d'Italie. Dans mon nouveau quartier, entre la rue de Vanves et la rue de Vaugirard, les fortifications et la rue de Vouillé, il ne manque pas d'enfants de douze ans qui, nés dans cet îlot parisien, n'ont pas encore vu la Seine : la rue de la Gaîté et la gare Montparnasse forment la limite qu'ils n'ont jamais franchie dans la direction du centre de Paris.

De même que Paris va s'amuser à Montmartre, le XIIIᵉ arrondissement va chercher ses distractions Place d'Italie et Avenue des Gobelins ; et le XVᵉ, rue de la Gaîté. Aux abords de celle-ci, Avenue du Maine, un vaste cinéma, nouvellement construit et d'apparence luxueuse, attire et retient la foule des passants. Un samedi soir, la salle déborde d'ouvriers et d'employés, d'enfants, jeunes gens, vieilles gens, familles entières. Sous leurs yeux ravis, se déroulent quelques films d'aventures extravagantes. Puis, c'est un intermède de chants, fort goûté : la chanteuse, une belle femme brune, vêtue d'une étincelante robe pailletée, n'est pas plus décolletée que ne l'étaient les femmes du monde, au temps ancien déjà où le bon ton n'exigeait pas qu'elles fûssent presque aussi nues que des ballerines. Les spectateurs la dévoraient des yeux. La scène et la salle offraient assez l'image d'une société fraîchement soviétisée, jouissant encore des salles de spectacle et de l'éclairage électrique hérités de l'ancien régime, et exclusivement composée — hormis les grands maîtres dirigeants, cachés dans leurs forteresses — de deux sortes de gens : les salariés et leurs histrions. Enfin, un film, « *l'Holocauste* », se développe sous les yeux des spectateurs : un jeune auteur dramatique protégé par une actrice plus âgée que lui et dont il devient l'amant, obtient d'éclatants succès; deux ans plus tard, ils régularisent leur union; les époux vivaient parfaitement heureux, lorsque la femme recueille par charité une jeune nièce orpheline, qui devient amoureuse du célèbre auteur. Par deux fois, près de défaillir, l'homme parvient à vaincre la tentation. Sa victoire sur lui-même est saluée par une rumeur d'approbation qui emplit toute la salle du cinéma. Mais l'orpheline renouvelle ses manœuvres de coquette et finit par triompher de la résistance du mari de sa bienfaitrice. Tout autour de moi et des divers points de la salle, partent des exclamations de désappointement et de désaveu. Les spectateurs avaient compris et toléré, même admis, au début, le faux-ménage, approuvé comme la solution nécessaire sa régularisation ; tenu pour mauvaise la tentation, pire la chute. Voilà, dans son expression spontanée sous le choc des images lumineuses et comme dans son mouvement réflexe, leur conscience morale.

Un dimanche après-midi, j'entre dans un cinéma de la rue de la Gaîté : à un film américain d'aventures, fait suite ce même film italien « *L'Holocauste* ». L'assistance en suit les diverses péripéties sans manifester son sentiment. Elle n'en recueille pas moins le bénéfice de la leçon morale que les auteurs ont voulu donner : la femme légitime s'est effacée, dans une pensée de sacrifice, devant sa nièce devenue la maîtresse de son mari ; mais voici que, de la liaison coupable, ne tarde pas à surgir le châtiment : les amants connaissent bientôt les jours de misère ; puis, pour que déborde la coupe de douleur, la jeune femme meurt en donnant naissance à une fille.

Les spectacles que la rue de la Gaîté offre à sa clientèle populaire ne présentent pas toujours ce caractère d'austérité. Le Casino-Montparnasse donne une revue : « *Fais-moi Shimmy...* » Je m'y rends un mercredi soir. La salle est aux trois quarts pleine : ce sont, en majorité, des ouvriers avec leurs femmes, des jeunes ouvriers et ouvrières en cheveux, des filles ; il s'y mêle quelques petits employés, commerçants ou bourgeois. Les places coûtent trois, quatre et cinq francs : il ne reste pas un fauteuil libre ; il y a moins de monde aux places à quatre francs ; très peu, aux galeries à trois francs. A l'orchestre, le chant de trois violons est couvert par les éclats d'une trompette, d'un tambour et d'une paire de cymbales. Cette musique de parade foraine prélude à l'exhibitionnisme d'un spectacle où défileront beaucoup de petites femmes fort peintes et très dévêtues. Musique, paroles, gestes et attitudes, tout vise et concourt à l'excitation sexuelle, unique but de cette sorte de spectacles qui se prodiguent dans tous les coins de Paris. On introduit même, dans les danses de genre, comme une nouveauté, le tremblement des épaules, en frémissement d'élytres, d'une exécution bien médiocre, du reste, auprès de l'art qu'y déploient les équivoques danseurs des pays turcs et persans. Une note saine, au milieu de cette soirée, est donnée par l'intermède de « *La chanson française* », qui évoque nos champs, nos moissons, nos ruisseaux et l'appel de l'âme ancestrale claironnant la lutte contre les envahisseurs de la terre natale : évocation fugitive de sentiments devenus trop étrangers à ce public populaire parisien qui retrouve l'écho de ses passions dans une âpre critique du meunier moderne, du paysan acharné à entasser des billets de banque, fût-ce en empoisonnant les consommateurs, à s'enrichir quand tous les autres se font trouer la peau à la guerre : — « mercanti ! » A ce mot, la salle éclate en furieux applaudissements. Puis, les spectateurs sont repris par les mots équivoques ou franchement obcènes, et leurs visages, comme modelés par les images et les sons, reflètent toutes les basses passions de l'Evangile de Pan, que ces païens leur prêchent. De deux soldats costumés en figurants de cavalcade et qui représentent Napoléon et Jeanne d'Arc, ce dernier, interpellé sous ce nom sacré, déclare « ne pas connaître cet' fumell' là ». Enfin, c'est le « tableau » du « *Christ de Saint-Lazare*» : une pierreuse gémit et proteste contre le projet de démolition de la prison Saint-Lazare. La prostituée invective les destructeurs de son abri ; elle implore Saint-Lazare et le Christ qui le tira des morts : pâle sous ses cheveux blonds, grandi par sa tunique blanche comme un linceul, le Christ vient à elle et clame qu'il a souffert et qu'il est mort « pour «les prostituées et pour la racaille». Les applaudissements crépitent. Ainsi, sur l'ordure des spectacles luxurieux, champignonne un christianisme de fange. Les ouvriers vont regagner leur gîte avec la vision, imprimée dans leur rétine, des furieux appels de la chair bénis par un Christ de « caf'conc'». Voilà le temple où s'édifie leur foi. Voilà comment se façonnent la morale et la religion populaires.

§ 2. — LE TRAVAIL

A six heures cinquante-cinq minutes, l'usine siffle et les centaines d'ouvriers qui attendent dans la rue commencent à défiler sous la voûte. Je me rends au bureau où je me joins à plusieurs ouvriers qui viennent d'être embauchés comme moi-même et attendent l'arrivée des employés chargés de les inscrire. L'un deux, un mécanicien, s'entretient avec son voisin et lui vante l'existence confortable des ouvriers new-yorkais : « On trou-
« vait, avant la guerre, logement, nourriture
« et blanchissage, pour deux dollars et demi
« par jour ! Et l'on était très bien nourri. Les

« chambres, belles et bien meublées, appar-
« tenaient à un grand immeuble où étaient
« installés des bains pour l'usage exclusif des
« locataires. Là-bas, le bain est une habi-
« tude, un besoin, et non, comme ici, un
« luxe. Les familles louent un appartement.
« Mais, dans chaque logement, même réduit
« à une seule chambre, il y avait le télé-
« phone. Lorsqu'on voulait se faire réveiller,
« on téléphonait au Central de carillonner à
« l'heure fixée. Ah ! au point de vue matériel,
« c'était parfait... Mais, pour l'agrément de
« la vie, il n'y a que la France... — Parce que
« vous êtes né en France, objecte son voisin.
« — Sans doute... Là-bas, celui qui était
« payé cinq dollars pouvait en économiser la
« moitié. J'en gagnais dix. J'aurais pu facile-
« ment en mettre six de côté. Mais, vous
« savez, là-bas, c'est comme ici : l'argent, on
« le dépense ; ce ne sont pas les occasions qui
« manquent... Je ne sais pas si je resterai
« dans cette usine-ci ; elle est loin de chez
« moi, et, dame, le travail fini, j'aime bien
« changer de vêtements tout de suite ; et

« alors on fait ce qu'on veut... on fait la
« noce!... »

Les formalités de l'inscription terminées,
nous sommes répartis entre les divers ateliers. L'installation, déjà ancienne, est très
médiocre ; le plafond peu élevé, grossièrement soutenu par des poutres ; tout à été
sacrifié à des considérations d'économie ou
à l'improvisation. Les lavabos et cabinets sont
installés de façon rudimentaire. Il n'y a pas
de vestiaires : les ouvriers ont aménagé des
caisses en petites armoires ou utilisé quelques
placards disposés dans les coins des ateliers.
Les allées sont trop étroites ; le chariot ou
« diable », chargé d'une caisse remplie de
pièces de métal, y circule difficilement, ce
qui entraîne une perte de temps et une
fatigue inutile. L'ouvrier doit être mis en un
certain état d'euphorie pour que son travail, tout en devenant moins fatigant et
même agréable, fournisse un rendement
supérieur. L'atelier devrait être tel que l'ouvrier pût s'y plaire. Cette amélioration suppose, chez le patron, une certaine concep-

tion de son devoir et de son intérêt en même temps que les capitaux nécessaires au sur-croît de dépenses qu'une semblable installation impose; ou, tout au moins, un état florissant de son industrie; ou enfin une entente des patrons qui, groupés dans le corps de métier, décideraient de couvrir ces frais supplémentaires par une élévation correspondante du prix des produits. En l'absence d'organisation professionnelle, cette réforme suppose une maison prospère gouvernée avec intelligence. C'est le cas de l'usine où je viens d'entrer : les patrons font, en ce moment même, construire une nouvelle usine pourvue de tous les perfectionnements modernes.

Dans un des ateliers où, avec plusieurs des nouveaux embauchés, j'attends la décision du contremaître, les ouvriers nettoient des pièces de fer. Mon voisin me dit : « Les nou-« veaux, on les met ici, d'abord; on les case « ailleurs, ensuite, à mesure que des places « sont libres; il faut savoir attendre. J'ai « déjà fait ça. Mais c'est abrutissant de racler

« du fer, du matin au soir ! Ça me fait...
« suer ! Je n'ai pas eu la patience d'attendre
« et je suis parti... — Et vous revenez ? —
« Dame ! je fais comme beaucoup d'autres...
« Faut pas blaguer : la boîte est bonne... »

Le contremaître m'envoie à l'atelier des
tourneurs dont le chef et les scribes occupent,
dans la vaste salle, un bureau clos de cloisons vitrées que les ouvriers appellent plai-
samment « l'aquarium ». Le chef de l'atelier
des tours me désigne pour une annexe de
son service, l'atelier de décapage.

Le décapage s'obtient au moyen de bains
d'acide sulfurique. Une demi-douzaine d'ouvriers et une femme sont affectés à ce service. Les pièces de métal, après avoir été
réunies par un fil de laiton, sont plongées
dans plusieurs bains, lavées à l'eau et, tantôt simplement égouttées dans un panier,
tantôt séchées dans de la sciure de bois. Nous
revêtons un tablier de cuir et nous chaussons
des sabots de bois pour éviter les brûlures
des gouttes d'acide qui rejaillissent au cours
de ces diverses manipulations. Les portes de

ce petit atelier, ouvertes sur la salle des tourneurs, y laissent entrer le bruit sourd des poulies et des courroies, le crissement du métal mordu par les tours : nous voyons, courbés sur leur machine, les ouvriers, qui payés aux pièces, donnent à leur tâche toute leur attention. Un chronométrage minutieux du temps qui leur est nécessaire pour faire une pièce déterminée va permettre à la direction de fixer le temps moyen qui servira de base à l'établissement du salaire.

Le personnel de l'usine a organisé une coopérative ouvrière.

Les heures de travail sont : de sept heures à onze heures trente, le matin, et, l'après-midi, de une heure à quatre heures trente. Mais l'afflux des commandes nécessite des heures supplémentaires qui, loin d'être imposées au personnel, sont proposées à son acceptation ; la plupart des ouvriers s'y soumettent avec empressement. Le jour de mon entrée à l'atelier de décapage, l'un de mes nouveaux compagnons m'ayant dit que l'on faisait deux heures supplémentaires, je me

récriai : « Alors, dix heures? Ah ! non! par
« exemple !... » Il me regarda étonné : « Mais
« pourquoi donc ? On gagne d'avantage d'ar-
« gent !... »

Les manœuvres de l'usine touchent dix-
sept francs et, s'ils font deux heures supplémentaires, vingt-trois francs par jour, sans le
moindre surmenage. Au décapage — la *déro-
che*, comme ils disent — chacun de nous reçoit, en outre, quinze francs par mois d'indemnité de vêtements, en raison de l'usure
plus rapide produite .par le maniement des
acides, et un litre de lait par jour pour com-
battre l'effet nocif des vapeurs d'acide sulfurique habituellement respirées.

Notre atelier emploie six hommes, dont
l'âge varie entre dix-huit et soixante ans, et
une femme. « Ah ! oui », lui dit en blaguant
un des jeunes hommes, « les femmes dégé-
« nèrent depuis qu'elles envahissent les ate-
« liers ! Des insectes comme ça, ça ne vaut
« rien. » Aussitôt, « l'insecte » minaude :
« Ah ! fallait voir, pendant la guerre, comme
« la direction était aux petits soins pour nous! »

L'homme chargé de porter dans les divers services les pièces décapées est un réformé de la guerre : « Bronchite chronique », me dit-il (et l'on entend ce que cela signifie), « je n'ai « que la peau sur les os ! Je n'ai plus de force. « Cela m'est dur de transporter les caisses de « pièces décapées. Il faut pourtant que je « gagne mon pain. Je suis encore tombé « malade récemment... Il m'a fallu acheter à « crédit... J'ai fait pour deux cents francs de « dettes qu'il faut que je paie... »

Le spectacle de cette vaste usine met en évidence et magnifie le rôle de l'intelligence organisatrice et directrice : des centaines d'ouvriers, répartis dans des ateliers différents, travaillent à préparer des pièces séparées ou une partie de ces pièces qui ne valent que par eur réunion ordonnée, comme l'activité de tous ces hommes ne vaut que parce qu'elle est ordonnée elle-même. L'intervention des monteurs ne suffit pas pour donner un sens à l'effort de tous ceux qui collaborent séparément à l'œuvre commune : il y faut une direction technique, une direction administrative, une direction financière et, comme les produits ne valent réellement quelque chose que s'ils se vendent, une direction commerciale; et enfin, au-dessus de tous ces services différents, afin de les subordonner au but unique, une direction supérieure, un directeur plutôt, le chef, qui vient animer toutes les activités, les conduire, les gouverner en les coordonnant, suivant un ordre hiérarchique, dans une unité suprême. Ainsi, les cellules et les organes du corps, que la volonté intelligente informe, associe et meut dans une parfaite unité. On rirait d'abord, on souffrirait ensuite, on mourrait enfin de la prétention des membres, du foie, du cœur, des poumons, de l'estomac, des nerfs et du cerveau lui-même, de se substituer à l'âme dans l'œuvre souveraine du gouvernement de l'organisme dont ils ne sont que les éléments ordonnés.

Mes compagnons ne voient ni ne comprennent ce spectacle. L'absence de toute instruction professionnelle et l'influence des idées absurdes ou dévastatrices, qu'ils respirent au dehors sans s'en défendre par aucune réflexion critique et dont ils s'imprégnent sans en prendre conscience, leur interdisent de dégager de l'expérience du labeur de chaque jour la leçon d'ordre organisateur et d'action féconde qu'il recèle. Ils disent, tout en lavant leurs pièces dans l'acide ou en les séchant dans la sciure : « On est tranquille, « ici ; on ne nous em...bête pas. » La femme soupire : « Quel malheur de ne pas être « riche ! » Elle ironise : « Il me faudra une « bonne. Vous n'en connaissez pas ?... oh ! « une bonne à tout faire!» Elle redescend à la triste réalité : « Mon mari a été tué à la « guerre. Il faut travailler pour élever ses « enfants... Les femmes à l'usine ?... Ah !... « Il faut faire la cuisine en rentrant : on dîne « à neuf heures, dix heures, le soir ; la vais- « selle lavée, il est onze heures quand on va « se coucher... Je ne peux pas m'asseoir sur « mon lit sans que ma tête touche le plafond : « une mansarde avec une lucarne... » Et, comme c'est jeudi, elle songe à ses enfants : « Qu'est-ce qu'ils ont fait, aujourd'hui, mes « microbes ?... Ont-ils été au patronage ou

« au ciné ?... » Elle continue de désempiler les pièces que j'ai séchées dans la sciure de bois et que je lui passe : « Voilà huit jours, mur-
« mure-t-elle, que j'ai du rhume et de la
« fièvre... c'est de la grippe. ... Je suis lasse...
« Mais il faut gagner sa vie... Et l'âge vient...
« Si j'étais seulement plus jeune de vingt
« ans !... »

Un autre jour, elle me dit, tout en travail-lant : « Dimanche, il faudra que je passe la
« moitié de ma journée à faire la lessive, au
« lieu de me reposer... »

Un autre jour, elle se tourmente au sujet de son jeune garçon qui se plaignait, le ma-tin même, d'une vive douleur à l'aîne : « Et
« il n'a pas reçu de coup ! s'écrie-t-elle.
« Qu'est-ce que ça peut être ? — Il faudrait
« voir le médecin. — Aller à la consultation ?
« Je n'ai personne pour l'y conduire... J'irai
« lundi matin... Je perdrai une demi-jour-
« née...» Après quelques instants où, tout en travaillant, elle a pu réfléchir : « Il y a un
« moyen d'éviter cela : à midi, je ferai deman-
« der le médecin de la mairie... Ah ! » fait-

elle avec un accent de découragement, « il y
« a toujours quelque chose qui ne va pas et
« qui vous inquiète... »

Au milieu de ces préoccupations, elle accomplit consciencieusement sa tâche d'atelier ; elle subit avec patience les agressions verbales des hommes. Un vieil ouvrier entre à l'atelier, l'aperçoit : « Bonjour, vieille noix !
« — Oh ! tout de même... — Bonjour coco !
« — Allons ! fait-elle, conciliante ; c'est
« mieux. » Mais un autre lui parle brutalement, grossièrement, par manière de plaisanterie. Et la plaisanterie comporte, d'autres fois, non point des rudoiements, mais des allusions équivoques, des sous-entendus honteux. Elle subit cela, comme le reste, avec une inaltérable patience. « Il faut bien gagner son pain » et celui de « ses microbes ». Elle a touché cent quatre-vingt-cinq francs pour sa quinzaine, ce qui lui donne environ treize francs par jour pour vivre et élever ses enfants. C'est de ses enfants qu'elle parle presque toujours, dans les propos décousus qui s'échangent au cours du travail. Il lui

arrive de calculer à haute voix les dépenses
dont ils vont être l'occasion : « Il va falloir
« que j'achète une casquette de dix francs
« à mon gosse ; des bretelles, quatre francs
« soixante-quinze ; et un compas, trois francs,
« pour l'école... Quelle charge, les enfants !
« Les ouvriers ne devraient pas avoir plus
« de un ou deux enfants... » Dans sa situation difficile, elle s'imagine volontiers que les
enfants de bourgeois ne coûtent rien à leurs
parents.

Le chef d'équipe ne porte pas plus de vingt-
cinq ans ; grand, maigre, l'air bougon, il
affecte des manières brusques, donne de
grands coups de voix de loin en loin ; au
demeurant, un brave type. Son aide principal,
un homme d'une trentaine d'années, au visage
jovial, parle peu, mais aime, de temps à
autre, lancer une plaisanterie. Un jeune
homme de dix-huit ans accomplit sa tâche
sans jamais souffler mot. Le vieil ouvrier,
chargé de l'étamage des pièces, reste généralement silencieux dans son coin. Le manutentionnaire, malade, peu intelligent, suscep-

tible et rouspéteur, s'entend mal avec le vieux. Celui-ci, le voyant un jour charger sur le diable deux caisses de pièces dérochées, lui recommande fort doucement de rapporter les caisses après les avoir vidées. L'autre, interprétant comme un ordre ce conseil bienveillant, se fâche : « D'abord, vous n'avez pas « d'ordre à me donner ! « — Mais je ne t'en « donne pas... Et puis, va donc comme il te « plaira ! » Le manutentionnaire, furieux, l'injurie. L'autre riposte. C'est une double bordée de grossièretés qui s'achève par une menace d'échange de coups, et l'on a quelque peine à séparer les deux belligérants.

Une seule fois, le chef d'atelier est venu au décapage pour faire une observation au sujet d'une pièce. Son reproche n'était pas justifié. Il se retire après avoir lui-même convenu de son erreur. A peine a-t-il tourné les talons que les décapeurs se groupent vivement près de la porte et, regardant dans sa direction pendant qu'il s'éloigne, rient et gouaillent : « Oh ! « là là ! t'y entends rien, mon vieux ! Eh ! va « donc ! On va te décaper le c..l !... »

Notre travail se fait par poussées successives, suivant l'arrivage des pièces (soit à *dérocher*, soit simplement à *blanchir*) et suivant l'urgence de leur livraison. Lorsque le travail est abondant ou pressé, les ouvriers déploient aussitôt une extrême activité, faite de cette souplesse nerveuse et de cette adresse auxquelles semblent se plaire les ouvriers parisiens ; ils mettent leur coquetterie à abattre la besogne à toute vitesse, tout en la faisant très bien.

Au décapage ou dans les autres ateliers, à l'entrée ou à la sortie de l'usine, je n'entends jamais de conversations politiques, je ne surprends pas d'allusions aux problèmes sociaux ou religieux, je ne vois même pas de journaux en main. Les centaines d'ouvriers employés entrent à l'heure, travaillent, sortent et aussitôt s'égaillent dans Paris. Je n'ai jamais entendu un seul ouvrier manifester le moindre mécontentement. Ils gagnent de deux à quatre francs l'heure et font ordinairement et très volontiers neuf et dix heures par jour. La semaine anglaise n'est pas observée. Il n'y a pas de chômage au cours de l'année. Les ouvriers qui, pendant leur quinzaine, ont fourni le nombre d'heures normal touchent une prime. La vie harmonieuse de l'usine s'explique par l'état très florissant de ses affaires. Mais le problème général de l'organisation industrielle et de l'organisation ouvrière reste intact.

Lorsque j'annonce mon départ à mes compagnons, ils paraissent surpris de cette décision. « Allons ! me disent-ils, si vous gagnez « davantage ailleurs, tant mieux ! Mais ici, on « gagne bien sans être bousculé et on est as- « suré d'avoir du travail toute l'année... En « restant toute l'année, on peut gagner de « l'argent... Enfin ! chacun son intérêt... Je « vous souhaite que ça marche bien, comme « vous le désirez... »

§ 3. — BUDGET

Mon salaire de simple manœuvre varie entre dix-sept francs cinquante centimes (au lieu de seize francs quarante-quatre centimes, dans la précédente usine) et vingt-trois francs cinquante centimes par jour, suivant que je travaille huit ou dix heures.

Mon loyer s'élève à quatorze francs (au lieu de dix francs, dans la première enquête), par semaine.

J'ai fréquenté deux restaurants de la rue de Vouillé et deux autres situés près du Boulevard de Vaugirard.

Dans l'un des deux premiers, deux portions de viande à un franc cinquante centimes, un demi-setier à soixante centimes et deux morceaux de pain à quarante centimes me composent un frugal mais assez substantiel repas qui coûte quatre francs. Avant même qu'arrivent les clients, les tables sont garnies de carafes. Les clients ne boivent qu'une chopine ou un demi-setier. Ce ne sont que des ouvriers, parmi lesquels plusieurs mécaniciens, tourneurs ou ajusteurs. L'un d'eux commande : « Un maquereau !... avec beau-« coup de cervelle ! » Et cette recommandation fait rire. En écrasant des haricots, un pensionnaire brise sa fourchette. Nouveaux

rires. « Je me demandais ce qui faisait explo-
« sion dans son assiette ! — Ce qu'ils doivent
« être durs, les haricots ! » remarque son voisin.

Un autre restaurant de la rue de Vouillé est
fréquenté par de nombreux ouvriers du bâtiment. Ils commandent, tous, une chopine :
ils boivent plus de vin que les mécaniciens.
Chaque table est d'ailleurs munie — comme
il est de règle aujourd'hui — de sa carafe
d'eau fraîche. Les prix sont plus élevés que
dans le restaurant des mécaniciens ; la portion
de viande ou de poisson coûte de un franc
quatre-vingt centimes à deux francs, et non
plus de un franc cinquante centimes à un franc
quatre-vingt centimes. Je remplace le second
plat de viande par un plat de légumes et du
fromage, et ma dépense monte à peu près au
même prix : un bifteck au cresson, un franc
quatre-vingt centimes ; une purée de pois,
soixante centimes ; un suisse, cinquante centimes ; un demi-setier, soixante centimes ;
deux morceaux de pain, quarante centimes ;
au total, trois francs quatre-vingt-dix centimes.

Dans l'un et l'autre restaurant, les servantes attendent un pourboire, qui majore de dix à vingt centimes l'addition.

Ces prix élevés des repas intéressent assez souvent les ouvriers mariés que leur travail, loin du logis, contraint à prendre au restaurant au moins le repas de midi. La femme mariée qui travaille à l'usine subit parfois la même nécessité. Rue de Vouillé et ailleurs, il m'est arrivé de voir le mari et la femme prendre ensemble leur repas.

Près du Boulevard de Vaugirard, je paie un franc quatre-vingt-dix centimes un bifteck aux pommes et un franc quarante centimes une portion de bœuf au riz, ce qui, avec la chopine et deux morceaux de pain, donne un total de quatre francs vingt-cinq centimes. A côté de moi, un ouvrier de cinquante à soixante ans dîne entre sa chopine et une carafe, tout en lisant *L'Information finan-cière*. Au comptoir, deux ouvriers parlent de la cherté de vie. L'un d'eux, un ouvrier bou-langer, dit qu' « avant la guerre, un ouvrier « gagnant dix francs était bien payé ; et

« c'était un spécialiste; aujourd'hui, un ouvrier
« ordinaire gagne vingt francs au lieu de cinq,
« c'est-à-dire quatre fois plus, et le prix de la
« vie a seulement triplé ». Mais son camarade
lui fait remarquer que, si cet ouvrier a charge
d'enfants, c'est la misère ; et il énumère avec
tristesse les bas prix des vivres avant 1914.

Non loin de là, s'ouvre un « Restaurant
des Coopératives réunies ». On y peut faire,
pour trois francs cinquante centimes, un repas
qui revient ailleurs à quatre francs ; les portions de viande ou de charcuterie coûtent de
un franc à un franc quatre-vingt centimes. A
côté de moi, prennent place deux ouvriers
paraissant âgés de cinquante à soixante ans.
« Le patron », raconte l'un d'eux d'un air
maussade, « nous dit bonjour, nous demande
« comment on va, et patati et patata... J'aime
« pas ses pelotages. Sa considération ne me
« rapporte rien. Qu'il paie bien, c'est tout ce
« que je lui demande ! — Sa considération !
« grogne l'autre. Sois malade et puis tu verras
« s'il te paie tes jours de maladie ! Son fils...
« — Oh ! il est bête. C'est une sauterelle... »

A la table voisine, mangent un jeune ouvrier et sa femme ; celle-ci tient un bébé sur ses genoux. L'enfant se met à crier. Les deux hommes reprennent, bougons : « Les enfants ! « Ah ! ça se fait sur commande, aujourd'hui ! « C'est le progrès ! On est plus dégourdi qu'au- « trefois !... Faire des enfants pour qu'on vous « les tue à la guerre, c'est pas la peine !... » Ils n'ont pas encore compris que le peuple sans enfants provoque à lui faire la guerre le peuple qui a des enfants nombreux.

CHAPITRE III

SAINT-OUEN. — TOURNEUR

§ I. — LE LOGEMENT ET LE BUDGET

La découverte d'une chambre meublée
libre est chose fort malaisée. Après de longues
démarches qui se prolongent pendant toute
une matinée, je finis par trouver, pour dix
francs par semaine, dans un immeuble vieux
et malpropre, tout au haut d'un escalier en
échelle, au troisième étage, une mansarde
profonde de deux mètres, large de un mètre
quatre-vingts centimètres, éclairée et aérée par
une lucarne-tabattière pratiquée dans le toit
au-dessus du plancher ; enfin, meublée seulement d'une couchette de fer et d'une petite
table pour la toilette. Son éloignement de
l'usine où j'étais embauché m'ayant poussé à
continuer mes recherches, je découvre enfin,

tout près de l'usine, pour le même prix et au premier étage, une chambre mesurant trois mètres sur chaque côté, haute de deux mètres cinquante centimètres, éclairée par une large fenêtre, meublée d'un lit de bois à deux places, d'une table de toilette en bois blanc, d'un petit meuble garni de tablettes pour serrer les ustensiles de cuisine, avec un petit poêle, une petite glace et un porte-manteau à deux têtes. Derrière le débit de vins du logeur, dans une cour étroite et très profonde, s'allonge le bâtiment dont le rez-de-chaussée et l'unique étage comptent plus de quatre-vingts chambres occupées, soit par des célibataires, soit par des ménages. Un balcon de bois dessert tout le premier étage. Le bâtiment, déjà ancien et mal entretenu, offre au dedans comme au dehors cet aspect gris et sale, triste et crasseux, qui sent la pauvreté ouvrière. Pour tous les habitants de cette petite cité, il n'existe qu'un unique cabinet d'aisances, d'installation tout à fait primitive et déplorablement malpropre. Les chambres, dès que les fenêtres cessent d'être ouvertes, exhalent cette odeur forte et indéfinissable qui imprègne les vieilles hardes jamais lavées. Mon logis est cependant un des moins misérables parmi ceux qu'au cours de mes diverses enquêtes j'ai habités : il est spacieux et très éclairé, ouvert au couchant. Mais le plus modeste des petits bourgeois n'en voudrait pas pour lui-même ; le parquet, vieux, taché, imprégné de charbon, de crasse, de graisse, de poussière, résiste à toutes les tentatives de nettoyage ; la logeuse l'avait lavé, le jour de mon arrivée. Les murs et le plafond auraient depuis longtemps besoin d'être blanchis : un badigeonnage au lait de chaux serait aussi peu coûteux que suffisant pour cette remise en état. Ce logement d'ouvrier — comme tous les autres, du reste — manque de l'entretien qui fait que, rendu propre et avenant, il plaît et retient. Ce sombre abandon, l'atelier, le débit de vins — les trois cercles ouvriers — le plus petit boutiquier ou rentier qui entrevoit ou devine ou seulement pressent leurs perspectives, s'en détourne avec horreur, mais admet que dix millions —

dans notre seul pays — d'êtres humains, ses semblables cependant et ses concitoyens, subissent cette existence comme une condamnation. Les autres n'y songent qu'en frissonnant. Cette vie des ouvriers, nul apôtre ne l'adopte; l'observateur social la traverse; l'homme de lettres y trouve des éléments de description, d'émotion ou de pittoresque; le politicien l'exploite. Mais ceux qui y sont rivés à jamais? Ils s'adaptent? Sans doute. Nés dans ce milieu, ils sont même tout adaptés. Toutefois, cette adaptation n'empêche pas qu'apparaisse et se développe en eux le sentiment d'une déchéance imméritée; et ils s'y résignent passivement lorsqu'ils ne sont pas secoués par le grand frisson de colère ou la poussée de violence et de rage que déchaîne l'esprit de vengeance ou ce sens profond de la justice qui demeure au fond de toutes les âmes.

Comment obtenir même la simple propreté corporelle? Ma petite table est garnie d'une cuvette et d'un pot de fer blanc émaillé. La logeuse balaie la chambre chaque jour, fait le lit et remplit d'eau le pot : c'est ma ration pour vingt-quatre heures. Je puis assurément aller puiser de l'eau dans la cour, par tous les temps, hiver comme été, et remplir à maintes reprises mon petit récipient : procédé pratique, simple et primitif, dont ne voudrait aucun bourgeois. D'ailleurs, lorsque je rentre après avoir, toute la journée, manié des pièces d'acier, dirigé le tour où se mélangent l'huile et le suif, ce n'est pas l'eau froide, mais l'eau chaude qui, seule, peut me nettoyer complètement les mains. Je possède, il est vrai, un petit poêle : mais je suis seul; il me faudrait chercher de l'eau, acheter une casserole, du charbon, allumer du feu, attendre que l'eau soit chaude ; et puis le charbon est cher et je ne possède pas d'autre local que ma chambre pour y serrer ma provision de combustible. Un bain complet serait souvent nécessaire : mais le temps qu'il exige et l'argent qu'il coûte en font un luxe généralement inabordable. La pratique usuelle du bain s'accompagne du changement de linge fréquent : mais le linge est coûteux; il s'use beaucoup dans les lavoirs ; et le blanchissage est cher. Le travail salit ; la chambre est sale ; et aussi le linge. L'ouvrier reste sale. Il désire cependant la propreté et, autant qu'il le peut, il prend les soins nécessaires : bien que la saison soit fort avancée et les journées déjà fraîches, un ou deux co-locataires, nus jusqu'à la ceinture, penchés sur un seau d'eau claire, se savonnent dans la cour; mais, pendant six mois au moins, il ne leur est pas possible de procéder à ces ablutions primitives en plein air. Enfin, quoi qu'on fasse, il reste que notre travail nous salit les mains. Comme on comprend l'orgueil de l'employé qui, dans les bureaux de l'usine, manie le porte-plume ! Lorsque l'ouvrier quitte l'atelier pour se présenter dans les bureaux à l'embauchage, à la paye, au débauchage, le spectacle qui s'offre à lui est celui de pièces où tout est clair et plaisant, où le travail se fait proprement, sans effort physique, sur une chaise, dans une atmosphère tiède ou fraîche, suivant la saison, avec des vêtements et du linge propre. Il éprouve

alors la sensation qu'il existe deux catégories
sociales tranchées, bien distinctes, et qui ne
se rejoignent par hasard que pour mesurer
la distance qui les sépare. Cette distance
semble infranchissable. Elle ne l'est cependant que dans la mesure où les conditions
objectives du travail enferment quelque irré-
ductibilité. Mais elle peut disparaître en
grande partie, pour peu que l'atelier réalise un
certain confort et même un certain agrément
auxquels par malheur n'ont pas encore aujourd'hui atteint les usines les mieux com-
prises. On pourrait rendre plaisants le travail
manuel et le logis des travailleurs. Les Etats-
Unis ont accompli en ce sens des efforts heureux qui devraient être imités.

Le blanchissage à Saint-Ouen coûte un peu
moins cher qu'à Paris : je paie quatre-vingt-
dix centimes, au lieu de un franc, pour une
chemise ou un caleçon. Voici ma note de
blanchissage pour une semaine, la dépense
étant réduite au plus strict minimum :

Une chemise	o fr. 90
Un caleçon	o fr. 90
Un mouchoir.	o fr. 15
Une paire de chaussettes. . . .	o fr. 35
	2 fr. 30

Dans cette partie de la banlieue parisienne, le tarif du coiffeur est le suivant :

Une taille de cheveux.	1 fr. 50
Une taille de barbe	1 fr. 50
Raser la barbe.	o fr. 75

Un bain simple coûte un franc cinquante centimes ; le savon, trente centimes ; la serviette, quarante centimes. Soit deux francs vingt centimes, sans compter le pourboire.

Je puis me nourrir en dépensant, en moyenne, par repas, à la cantine de l'usine, trois francs soixante-quinze centimes, et, dans un débit-restaurant du quartier, quatre francs soixante-quinze centimes. Le matin, sur le comptoir de mon logeur, je prends un verre de café et un morceau de pain, qui me coûtent quarante centimes.

Les salaires des « manœuvres sur tour »

varient, suivant l'habileté de l'ouvrier — qui
est assuré d'un prix minimum accru proportionnellement au nombre de pièces façonnées
— entre un franc quarante-cinq centimes et
deux francs soixante-quinze centimes par
heure. Les tourneurs en pied et les régleurs
gagnent de trois à quatre francs par heure.
Une indemnité de vie chère de cinq à six
francs est versée à tous ceux qui gagnent
moins de vingt-cinq francs par jour. Des
secours en argent sont accordés aux ouvrières
à l'occasion de la naissance d'un enfant. La
Compagnie donne, en outre, à chaque ouvrier ou ouvrière une indemnité pour chaque
enfant (1). Mon gain s'est élevé à dix-neuf

1. Les patrons du Nord (Lille, Roubaix, Tourcoing)
ajoutent au salaire individuel de l'ouvrier un sursalaire
familial calculé d'après le nombre des enfants, à raison
de trois francs par enfant. Ce sursalaire n'est pas payé
par le patron, mais par une caisse commune alimentée
par l'association des patrons. Et il n'est pas payé à
l'ouvrier, mais à sa femme.
Les conséquences de cette organisation sont les sui-
vantes :
— Sans abaisser le salaire, on pourra diminuer le sursalaire lorsque le prix de la vie diminuera.

francs cinquante centimes par jour, en moyenne, cette somme comprenant le prix de mon travail aux pièces accru d'une indemnité de vie chère de six francs.

Les deux repas et la collation me coûtent huit francs quatre-vingt-dix centimes; la chambre, un franc cinquante centimes par jour. Ma dépense quotidienne s'élève donc, au minimum et pour l'essentiel de la vie, à dix francs quarante centimes. Mon salaire moyen de dix-neuf francs cinquante centimes me donne, pour sept jours, seize francs soixante-dix centimes par jour. Il me reste donc six francs trente centimes par jour pour faire face à tous mes besoins autres que la nourriture et le logement.

— Les nombreuses familles sont secourues efficacement et encouragées.

— Le sursalaire ne dépend pas du patron, mais relève de la Caisse corporative chargée de ce service et qui est distincte des diverses entreprises.

— La femme, étant directement payée, peut garder cet argent et devient intéressée à ce que son mari ne se mette pas inconsidérément en grève ou ne chôme pas à son insu ou sans raison.

§ 2. — L'ATELIER

Je suis embauché, comme « manœuvre sur tour », à l'atelier de fabrication d'outils qui dépend d'une importante usine métallurgique.

L'atelier, de construction récente, est vaste, clair, parcouru au centre par une large allée qui permet aux manœuvres et à leurs petits chariots une circulation facile. Deux vestiaires très convenables, quoique un peu exigus, et munis de lavabos — l'un pour les hommes, l'autre pour les femmes — sont disposés dans un angle du hall. Il en est de même pour les water-closets.

Un tour m'est confié. Le régleur le dispose aussitôt pour recevoir les pièces de métal que je vais transformer. Deux cents hommes et femmes sont penchés chacun sur un tour, activant leur travail de leur mieux, car ils sont payés aux pièces. Notre journée est de neuf heures ; de sept heures et demie à onze heures et demie et de une heure à six heures. La semaine anglaise n'est pas pratiquée. Le bruit sourd et continu des poulies et des courroies emplit de sa rumeur confuse le vaste hall.

Je fixe un bâton d'acier et mets le tour en mouvement ; le métal brillant sort de sa gangue sous la morsure de la machine, semant sur le plateau inférieur les copeaux en vrille de son écorce ; sous le liquide laiteux qui arrose sa blessure, l'acier fume et gémit.

Le régleur vient vérifier la marche de l'appareil : « La journée de neuf heures ! soupire-t-« il. —C'est que, sans doute, le travail presse ? « — Oh !... » Et il hoche la tête : «...On nous « achemine tout doucement, sous ce prétexte, « vers la journée de dix heures !... »

Un peu plus tard, le manœuvre chargé d'enlever les débris d'acier s'arrête près de moi, mélancolique : « Dire que je gagnais vingt-« deux francs par jour dans la maison où j'étais « avant de venir ici ! Ah ! ce que je la re-« grette !... — Pourquoi l'avoir quittée ? — « Ah ! j'avais un chef d'équipe qui cherchait

« à me pousser à bout. Il m'exaspérait pour
« m'amener à un coup de tête. Il avait be-
« soin de ma place pour la donner à un de
« ses amis... »

Un matin, en prenant place devant son
tour, un homme d'une trentaine d'années
soupire : « Allons ! il faut reprendre le collier
« de misère ! » Un autre matin, au vestiaire,
mon voisin d'armoire, tout en enfilant son
pantalon et sa veste de travail, s'écrie, avec
un fort accent du Midi : « Ah ! on va encore
« les engraisser, les patrons ! Jusqu'à ce qu'ils
« éclatent !... jusqu'à ce qu'ils crèvent !...
« Oui ! les engraisser comme on engraisse
« les cochons !... Mais ça aura une fin !...
« Un abcès, ça s'ouvre... et quelquefois tout
« seul !... » Cet ouvrier est un lecteur assidu
du *Petit Parisien*.

Les ouvriers de l'usine lisent, quelques-uns
le Journal, *le Matin*, *l'Œuvre* ; plusieurs,
l'Humanité ; la plupart, *Le Petit Parisien*.

Rentrant à l'usine, à une heure, je vois, un
jour, en face de la grille, des tentures noires
disposées à la porte d'une maison pour un

enterrement. Un ouvrier regarde et dit : « Pourquoi qu'il a des tentures, celui-là ? » Deux autres ricanent : « Encore un mort qui « n'ira pas au paradis ! »

Une autre fois, à la rentrée de l'atelier, un jeune tourneur — complètement rasé, suivant l'usage américain adopté par beaucoup de jeunes ouvriers — proteste contre la présence des ouvrières : « Dire qu'il y a encore « des femmes dans les ateliers ! Et quand il « y a si peu de boulot ! Est-ce qu'on ne de- «vrait pas toutes les renvoyer ? Ça n'est pas « leur place, ici !... »

Trois tourneuses âgées d'une quarantaine d'années et deux tourneurs travaillent autour de moi. Leur assiduité, à tous, est la même. Une des femmes se plaint que « le régleur ne s'oc- « cupe jamais de son tour. C'est parce que je « ne lui paie pas à boire. » J'ai offert l'apéritif au régleur, à mon arrivée, et, le lendemain, il m'a rendu ma politesse. Un autre jour, à la sortie de l'atelier, un tourneur — le méridional qui est mon voisin de vestiaire — deux tourneuses et moi, nous entrons chez le bis-

tro voisin ; mais c'est notre régleur qui paie
l'addition, tenant à rendre les politesses pré-
cédemment reçues. Le Méridional s'exclame :
« Ce que les ouvriers sont bêtes ! Ils n'ont
« que ce qu'ils méritent ! S'ils n'ont pas fait
« la Révolution, c'est qu'ils craignaient de
« perdre leur indemnité de démobilisation : les
« capitalistes leur ont donné à chacun un bil-
« let de mille francs pour les faire tenir tran-
« quilles et ils sont restés tranquilles de peur
« que la Révolution ne leur fasse perdre leurs
« mille francs. Et où sont-ils, maintenant, leurs
« mille francs ? Quatre-vingt dix pour cent
« les ont dépensés. Les voilà bien avancés !
« Tenez ! ils mériteraient qu'on ait mainte-
« nant la guerre avec les Anglais ! Oui ! ils le
« méritent !... Vous les verriez partir à la
« mobilisation ! La peur du gendarme suf-
« firait pour les faire marcher !.... Ah ! oui !
« qu'ils méritent que la guerre éclate avec les
« Anglais !... »

Mais d'autres ouvriers expriment des idées
différentes. Me dirigeant, après le déjeuner,
vers le porche de l'usine, je rencontre un tour-

neur de mon atelier, un homme de trente-cinq ans environ : « Eh bien ! lui dis-je, les « mineurs anglais ont commencé la grève ! « — Oui, répond-il gravement. Pourvu que « cela n'arrête pas chez nous les usines ! « Nous avons besoin de travailler, nous « autres ! »

Les tourneuses n'acceptent d'aller à l'usine que sous la pression de ce besoin. L'une d'elles, une demi-heure avant la reprise du travail de l'après-midi, est déjà assise dans le hall, près de son tour, tricotant activement des bas pour ses enfants. Ma voisine de gauche, qui est une femme d'environ quarante ans, me dit qu'entre onze heures et demie et une heure elle fait son marché et prépare la cuisine de sa famille : « Je mange en « dix minutes. » Elle a cinq enfants, dont aucun ne gagne encore quelque chose : « Mon « mari gagne bien sa vie... » ; mais cela ne suffit pas pour élever tous les enfants. Pour les soigner et pour faire le ménage, elle se couche à dix heures et se lève à cinq heures et demie : « Pendant la guerre, j'étais seule

« avec mes enfants. Alors, j'ai commencé à
« travailler en usine. J'y ai ruiné ma santé.
« Quand les enfants gagneront leur vie, je
« resterai à la maison... Ah ! la femme à
« l'usine ! c'est épouvantable !... Je crois
« que, si cela devait durer toute ma vie, j'ai-
« merais mieux me suicider !... » Ma voisine
de droite est veuve ; elle a une fillette à sa
charge ; elle m'assure qu'elle gagne juste
assez pour vivre : « Si le travail presse,
« comme c'est déjà arrivé cet été, il y aura,
« me dit-elle, deux équipes par jour, l'une de
« six heures du matin à deux heures du soir,
« l'autre de deux heures du soir à dix heures.
« Je n'accepterai pas de faire partie de la se-
« conde, car je demeure à Paris et je ne me
« risquerai pas à traverser, seule, surtout l'hi-
« ver, après dix heures du soir, la zone des
« fortifs. Il y a trop de rôdeurs. On nous tue-
« rait bien pour cent sous. Ils savent quels
« sont les jours de paye et ils attendent, de
« préférence ces soirs-là, les ouvriers attar-
« dés. » Beaucoup d'ouvriers de l'usine ne
demeurent pas à Saint-Ouen, mais à Paris

même ou fort loin dans la banlieue, jusqu'à Argenteuil; une des tourneuses habite Saint-Denis, d'où elle vient à pied lorsqu'elle a manqué le tramway qui ne part que toutes les demi-heures.

Tourneurs et tourneuses de mon voisinage se montrent bons camarades, toujours prêts à me donner ou à se donner un renseignement, un conseil ou un coup de main. Une seule de ces femmes, une Bretonne, se mit, une fois, à chanter avec une visible satisfaction une chanson obscène et sacrilège qu'un tourneur, son voisin, venait de lui apprendre. Toutes les autres ont toujours fait preuve de la plus parfaite correction. Une vieille balayeuse de l'atelier ayant, un jour, interpellé le régleur, par manière de plaisanterie : « Eh ! ma poule ! » l'autre lui répliqua, sur le même ton : « Oui ! ma crotte ! »

Le régleur, tout en changeant les pièces de ma machine, me conte qu'étant apprenti il dut subir plus d'une plaisanterie de mauvais goût : « Une fois, au vestiaire, ils « avaient cousu les deux manches de ma veste.

« Une autre fois, un ancien me fit tirer sur
« une corde, et un seau plein de suie se ren-
« versa sur moi : j'étais noir comme un
« nègre, ainsi que ma chemise et mes vête-
« ments. »

Un tourneur de mes voisins, sachant que
je déjeune à la cantine de l'usine, me demande
si l'on y mange bien et pas cher. Je lui en
donne l'assurance. Il insiste : « Ça n'est tou-
« jours pas de la *frigo,* la viande qu'ils don-
« nent ? » Je le rassure. Monsieur ne veut pas
manger de *frigo !* Je connais des étudiants,
des commerçants chargés de famille, des
bourgeois qui ne mangent pas d'autre viande.

Cette cantine étant une œuvre patronale,
il y a tendance à la déprécier. Un ouvrier
dit : « Bah ! ils achètent en gros, en grande
« quantité ; ce qui leur permet de baisser les
« prix. » Un autre est convaincu que les patrons réalisent des bénéfices sur la cantine.
Un autre fait le dédaigneux : « Peuh ! ça n'est
« pas toujours fameux ! Il y a plus de graisse
« que de beurre ! » J'ai cependant trouvé que
la nourriture y était fort bonne, bien prépa-

rée, proprement servie, et à des prix tels que certainement les patrons n'y gagnaient rien et que très probablement même ils s'y trouvaient en déficit.

Ces menus propos s'échangent rapidement pendant que la machine tourne, dans le ronflement continu des poulies et des courroies. Les courroies descendent du plafond en longues stries sombres sur la masse noirâtre des tours. Le toit percé de vitrages dont les pentes sont tournées vers le Nord, nous livre toute la clarté désirable. Lorsque les brouillards d'automne prolongent l'obscurité du matin tardif ou hâtent la venue du crépuscule, un abondant éclairage électrique dissipe les ombres.

Ma tâche consiste à fabriquer des forets et des alésoirs. Il me faut, d'abord, *centrer* le rondin d'acier ; puis, *faire le chariotage* ; ensuite, *faire les cônes*. Pour que la production de l'atelier devînt intense, il faudrait que les tours fussent alimentés, sans arrêt, de pièces de métal. L'intérêt de l'entreprise coïncide en cela avec l'intérêt particulier des tourneurs qui sont payés aux pièces. Beaucoup d'ouvriers se plaignent de perdre du temps à aller chercher un lot de morceaux d'acier ou même à attendre de la matière à traiter ou bien la venue du régleur pour la mise au point de leur machine. Au guichet de « l'outillage », où nous allons chercher certains outils, un jeune tourneur me dit : « J'ai perdu, « hier soir, six heures à attendre des pièces ». Un autre lui fait écho : « Et moi, tout l'après-« midi. Et puis on viendra m'eng... ! Ils « n'ont qu'à payer les pièces plus cher ! » A moi-même il arrive de perdre la plus grande partie d'une journée ; le métal que l'on m'a donné à tourner est trop dur pour que le tour puisse mordre ; il faudra faire recuire cet acier. Après deux heures d'attente dans le désœuvrement, le contre-maître, ayant reçu une commande d'alésoirs, me confie les barres d'acier à transformer. Mais il se trouve que le monteur est occupé à préparer un autre tour pour la fabrication de fraises, et je perds une heure à l'attendre. Lorsqu'il commençait à monter mon tour, le sifflet s'est fait entendre pour la sortie des ateliers. L'après-midi, le montage de mon tour me prend deux heures, le régleur étant sans cesse appelé auprès d'autres machines. Enfin, je puis la faire marcher. Mais bientôt il faut arrêter le travail pour le nettoyage hebdomadaire de toute la machine : car nous sommes un samedi. Un autre matin, un tourneur, qui attend au guichet de « l'outillage », s'impatiente : « Ah ! la barbe ! ça n'en finit pas ! « Avec tout ce temps perdu, il n'y a pas « moyen d'arriver à gagner suffisamment!...» Un autre jour, je perds une heure à attendre le régleur, occupé à monter d'autres tours. Chaque régleur doit surveiller une dizaine d'appareils : il se trouve, un autre jour, que trois d'entre eux — dont le mien — ayant reçu des pièces délicates qui exigent un réglage long, minutieux et répété, les ouvriers chargés de ces tours sont fréquemment obligés d'attendre que le régleur en ait fini avec l'un d'eux pour s'occuper d'un des deux autres ; cela m'a fait perdre trois heures.

Mes camarades constatent le préjudice qui résulte pour eux de ces arrêts dans la production et ils s'en plaignent. Mais ils ne s'élèvent ni à la considération du rendement collectif et de la nécessité, pour l'usine, de produire davantage dans le même temps de façon à accroître, sans élever ses frais généraux, sa production et ses bénéfices ; ni à la considération du rôle de l'intelligence organisatrice sous le commandement du chef. Cependant, sans cette intelligence, les bras sont impuissants ; sans ce chef, l'intelligence ne peut réaliser ce qu'elle conçoit. En l'absence d'une autorité éclairée, il n'y a plus de liberté, mais servitude, stérilité et misère dans le chaos. Il ne suffit pas que tournent les tours : ce qui importe, c'est qu'en tournant ils produisent assez pour assurer un bénéfice. Ce bénéfice, qui va permettre de rémunérer les ouvriers et les capitaux, payer l'outillage et inciter l'entrepreneur à continuer son entreprise, même à l'accroître, bref faire vivre cette usine et l'industrie à laquelle elle appartient et ajouter à la richesse et à la puissance du pays où elle est établie, c'est de l'intelligence qui conçoit, coordonne, ordonne et fait agir, qu'il est le fruit. L'organisation de toute l'usine et, à un degré inférieur, de chacune de ses parties, comme l'atelier où je travaille, doit parvenir à ce point de perfection où aucun instant n'est jamais perdu par les ouvriers non plus que par les machines. L'atelier où je me trouve est précisément en voie de réorganisation ; lorsque sa réorganisation sera achevée, sa production *décuplera* ; ce décuplement résultera de six mois de travail de l'ingénieur qui le dirige. Lorsqu'il aura régularisé les commandes, mis de l'ordre dans le débit des fers à travailler, assuré l'écoulement constant, à travers l'atelier, des matières premières que les tourneurs transforment, et ainsi ajusté parfaitement les uns aux autres tous les éléments qui composent cet organisme, le rendement deviendra dix fois plus grand sans que la quantité d'heures de travail humain et d'énergie électrique et mécanique soit accrue. A cet homme qu'ils

entrevoient à peine et dont ils ne devinent
pas le labeur, à ses réformes dont la nature et
le sens leur échappent, les ouvriers devront
de ne plus perdre de temps devant leur machine et d'accroître leur salaire.

A l'intérieur de la vaste usine, sont installés des réfectoires et une cantine. Les ouvriers
qui apportent leur nourriture peuvent déjeuner dans un pavillon très proprement installé
avec tables et bancs. Il y a un réfectoire pour
les hommes et un autre pour les femmes.
Les uns et les autres peuvent, non seulement
y consommer à l'abri le repas froid qu'ils ont
apporté, mais même le faire réchauffer ou
faire cuire les aliments non préparés dont ils
se sont munis et qui n'exigent qu'une préparation sommaire, comme un bifteck ou des
œufs : un vaste fourneau et du charbon sont
mis à leur disposition dans ce but.

Pour se rendre à la cantine qui occupe plus
loin un beau bâtiment neuf, clair et avenant,
on traverse de vastes cours que des jardins

maraîchers prolongent derrière les rangées de maisons des rues de Saint-Ouen, et, dans une lointaine perspective, une envolée de dômes blancs se dessine au milieu de buées gris perle, silhouette de la basilique qui dresse, sur la grand'ville et sa banlieue ravagée par les haines, le symbole de l'amour.

Les salles de la cantine suffisent à peine à contenir la foule des ouvriers qui s'y pressent. La cuisine y est très soignée, les portions copieuses et variées, et les prix tels qu'un repas qui me serait revenu à quatre francs soixante-quinze centimes ou quatre francs quatre-vingt-cinq centimes dans un débit-restaurant des alentours — c'est-à-dire deux plats de viande avec légumes (boulette de viande au riz et bifteck avec purée de pommes), un petit suisse, deux morceaux de pain et un demi-setier — ne me coûte pas plus de trois francs soixante-quinze centimes. Dans un restaurant de l'Union des Coopératives, il m'eût couté quatre francs vingt-cinq centimes. Mes camarades de la cantine limitent ordinairement leur dépense à un prix variant entre trois francs dix centimes et trois francs soixante centimes. Le service rendu aux ouvriers de l'usine par cette cantine est considérable.

Les conversations qui s'y échangent mettent en évidence le peu de sympathie que les idées bolchevistes rencontrent chez la plupart des ouvriers.

« L'Etat manque d'argent », disent mes voisins de table. « Ah ! il en aurait de l'argent, « s'il n'en avait pas tant dépensé en tanks, « canons, obus ! Sans la guerre, il serait « riche... »

Un ouvrier, lisant le journal pendant qu'il mange, raconte à ses voisins que l'on a arrêté, en gare de Lyon, à Paris, deux Russes (qui étaient des Juifs) dont les malles contenaient soixante quinze millions en billets de banque. Ils approuvent tous cette mesure et, le soir même, dans le restaurant de quartier où je dîne, des ouvriers s'entretenant de cette affaire, l'un d'eux s'écrie, d'un air hostile : « C'était de l'argent pour leur propagande « bolcheviste ! » Et tous manifestent leur satisfaction d'apprendre que ces deux individus ont été arrêtés et leur argent confisqué.

Prenant place à une autre table de la cantine, je me trouve au voisinage d'un ouvrier, âgé de cinquante-cinq à soixante ans, en face de qui s'est assis un jeune apprenti, de treize à quatorze ans, dont le visage respire l'intelligence et l'honnêteté. Le vieux proteste contre la défense de se baigner sans caleçon : « Qu'est-ce que ça fait, ça, que l'on se baigne « tout nu ? Pourquoi le défendre ? — Parce « que, répond l'adolescent, c'est indécent. — « Indécent! indécent! Pourquoi ça ? Et qu'est- « ce qu'il y a de mal? Les sauvages sont tout « nus ! — Mais, réplique l'adolescent, parce « que ce sont des sauvages. Nous sommes « des civilisés. — Des civilisés! des civilisés! « enrage le bonhomme. Tu appelles civilisée « une société comme la nôtre, dans laquelle « il faut que je travaille pour faire vivre les « autres ? — Mais, réplique froidement l'ap- « prenti, si vous produisez du fer, vous « l'échangez contre d'autres produits, par « exemple du pain, que d'autres personnes

« fabriquent. — Et les personnes que j'entre-
« tiens par mon travail? » bougonne le vieil
homme. Le jeune homme riposte en lui
demandant, de son air le plus innocent :
« Vous entretenez d'autres personnes? —
« Dame! ceux qui ne font rien! — Mais ils
« vous donnent, contre le produit de votre
« travail, leur argent. » Le vieux garde définitivement le silence. Le bon sens et la claire
raison de ce jeune garçon avaient vaincu la
sottise et les préjugés de l'ancien. Celui-ci
n'en avait pas moins tenté, mais avec moins
de succès qu'autrefois, de faire, comme jadis,
l'éducation intellectuelle et morale des jeunes,
à l'usine.

A une autre table, mon voisin, un mécanicien bellâtre, d'une trentaine d'années tout
au plus, cheminot révoqué lors de la grande
agitation révolutionnaire de 1920 qui fut suivie de la suppression par les Compagnies de
leurs ateliers de réparations, s'efforce d'en-
doctriner un employé, décoré de la croix de
guerre : « Ah! oui, vous avez fait du bel
« ouvrage dans les tranchées! — Certes,

« repart l'employé, c'est grâce à nous, les
« gens des tranchées, que vous autres, mobi-
« lisés dans les usines, avez obtenu la journée
« de huit heures. Nous vous l'avons gagnée !...
« Etes-vous allé hier à Saint-Denis, au mee-
« ting révolutionnaire ? — Non. Mais comme
« je suis du Parti, je verse un franc cinquante
« centimes par mois pour les frais de propa-
« gande, conférence et le reste... Ah ! tout
« est pourri dans la société, tout !... — Le
« Parlement, oui ! réplique l'employé. Il suf-
« firait de cinquante députés et de cinquante
« sénateurs pour le travail qu'ils ont à faire,
« et ça nous économiserait un grand nombre
« de fois vingt-sept mille francs. — Je vous
« dis, répète le mécanicien, que tout est
« pourri et à jeter à terre ! Les Anglais le
« comprennent. Voilà les mineurs qui, chez
« eux, recommencent la grève générale. Ils
« vont tenter le coup, le grand coup !... »

Un autre jour, une vive discussion s'élève
entre l'employé et l'ouvrier mécanicien : « Les
« Compagnies de chemins de fer, s'écrie
« celui-ci, ne travaillent pas pour le public,

« mais pour gagner de l'argent. — Si elles
« gagnent de l'argent, riposte l'employé, elles
« accroissent la prospérité générale dont tout
« le monde profite. — Avec des soviets, le
« bénéfice de l'exploitation irait à la collecti-
« vité. — A moins que l'exploitation ne
« devienne déficitaire. — Je me chargerais
« bien d'administrer un magasin de chemin
« de fer soviétisé! — Mais, mon ami, il vous
« faudra, ou laisser les ouvriers travailler
« quand il leur plaît, et alors c'est la faillite
« aussi bien dans le régime soviétiste que
« dans le régime bourgeois ; ou les obliger à
« travailler en observant le règlement tout
« comme maintenant, et alors rien ne sera
« changé. Comme représentant du soviet,
« vous devrez laisser l'ouvrier libre, et, comme
« représentant des intérêts du chemin de fer
« en exploitation, vous devrez obliger l'ou-
« vrier à travailler. Ce sont deux obligations
« contradictoires. Vous ne vous tirerez pas
« de cette difficulté. — Nous forcerons les
« bourgeois à collaborer avec nous, car il est
« évident que nous avons besoin d'eux, ingé-

« nieurs et autres. — La difficulté que je vous
« signale reste la même. D'ailleurs, les soviets
« de Russie sombrent dans les difficultés
« qu'ils ont créées. Ils ont besoin de tout et
« ne peuvent rien acheter en raison de l'état
« effroyable de leur change. Loin d'améliorer
« leur change, ils l'empirent en imprimant
« sans arrêt du papier-monnaie qui ne vaut
« plus rien du tout. La monnaie est une
« nécessité pour les échanges : l'exemple de
« la Russie le prouve plus que jamais. »
Devant cette logique et devant ces faits, le
mécanicien reste muet, absolument incapable
de donner la réplique. Après quelques instants
de silence, il tente de s'échapper par une
diversion : « La grève des mineurs anglais
« est commencée. C'est la Révolution qui
« s'avance! C'est la Révolution qui com-
« mence! » Ce cri d'enthousiasme ne trouve
aucun écho parmi les convives, qui écoutent
toujours ces discussions sans y intervenir.

A un autre repas, le mécanicien soviétiste
critique amèrement le traité de paix : « Il fal-
« lait désarmer réellement et définitivement

« l'Allemagne, lui faire la guerre à fond et se
« débarrasser d'elle une fois pour toutes ! »
Ayant ouï ce propos sensé que tout nationa-
liste eût tenu, l'employé s'écria : « Bien sûr !
« Mais pourquoi a-t-on arrêté notre armée
« en pleine victoire au lieu de la laisser ache-
« ver la déroute des Boches ? — C'est le parti
« militaire qui l'a voulu ! » s'exclame le mécanicien, redevenu révolutionnaire et stupide ;
« si l'on avait désarmé l'Allemagne, notre
« armée devenait inutile. Alors, comment
« les capitaines et les généraux auraient-ils
« fait pour vivre ? Ce sont eux qui ont sauvé
« l'Allemagne ! L'Allemagne conservant son
« armée, il fallait bien que la France conser-
« vât la sienne ! » Entendant ces billevesées,
l'employé hausse les épaules : « La faute
« remonte à nos gouvernants d'avant-guerre.
« — Oui ! aux curés ! » fait un ouvrier d'une
trentaine d'années, jusqu'alors silencieux et
absorbé dans la lecture de l'*Humanité*. « Ah !
« tout de même ! » protesta l'employé ;
« vous n'allez pas faire croire que les curés
« étaient les maîtres de notre gouvernement !

11

« — Non, mais ils étaient d'accord avec ceux
« qui nous gouvernaient », reprend, incorri-
gible, le lecteur de l'*Humanité*. La sottise
était par trop énorme. Ni l'employé ne crut
devoir la réfuter; ni le mécanicien pouvoir la
défendre.

Une autre fois, l'employé déclare que les
femmes devaient rester chez elles à faire le
ménage et raccommoder les bas, au lieu de travailler à l'usine. Le soviétiste proteste : « Et
« qui leur donnera à manger? — Leurs maris !
« Ce n'est pas le devoir des femmes de tra-
« vailler pour nourrir les hommes. Et c'est
« celui des patrons de donner à leurs ouvriers
« les salaires dont ils ont besoin pour toute
« leur famille ! »

L'employé reçoit, un jour, le renfort d'un
autre ouvrier mécanicien qui attaque vivement le soviétiste. Les exploits du boxeur
Carpentier et du Barbe-bleue Landru avaient
alimenté quelque peu la conversation, lorsque
la nouvelle de la menace faite par les chemi-
nots anglais de se joindre aux mineurs gré-
vistes vint exalter l'enthousiasme de l'ou-

vrier révolutionnaire : « Enfin ! s'écrie-t-il, ils
« s'y mettent ! Vous allez voir que ça va être
« le grand coup ! » Sur quoi, l'autre ouvrier
mécanicien — un homme d'une quarantaine
d'années, qui avait toujours gardé le silence
jusque-là, l'interpelle : « Alors ? la Révolution ?
« — Bien sûr ! Vous comprenez qu'au prix
« où est la vie, ça ne peut plus continuer
« comme ça ! — Eh bien ! riposte l'autre,
« voilà pourquoi précisément je ne veux pas
« de la Révolution ! Elle arrêterait net toute
« activité économique. Comment donc pour-
« rions-nous vivre ? » Incapable de répondre
à cet argument, le soviëtiste se contente de
déclarer que la France va nécessairement à la
banqueroute ou à la Révolution. On lui fait
observer qu'il se peut fort bien qu'elles ne se
produisent ni l'une ni l'autre et qu'au surplus,
si la Révolution entraînerait nécessairement
la banqueroute, la banqueroute n'entraînerait
pas nécessairement la Révolution. « D'ac-
« cord ! » concède le mécanicien bolcheviste.
« En définitive, je crois que c'est à la banque-
« route que nous allons. — Pourquoi ? Nous

« produisons beaucoup et nous pourrons
« produire davantage. La puissance indus-
« trielle du Nord est déjà plus qu'aux trois
« quarts reconstituée. La défaite des Etats du
« centre de l'Europe et la ruine de la Russie
« nous livrent de vastes marchés dont il ne
« tient qu'à nous de nous emparer. » Le mécanicien révolutionnaire se tait, comme il fait
chaque fois qu'on lui tient tête avec de fortes
raisons ou des faits incontestables. Alors, il
garde le silence et réfléchit. Il est intelligent
et sincère : un argument sérieux le touche.
Mais son jugement est faussé par des principes faux qu'il a acceptés les yeux fermés et
auxquels ils croit, ou par des utopies qui
flattent en la trompant sa nature généreuse.
Comme tous les ouvriers, il manque de cette
instruction première qui, les familiarisant
avec la connaissance des lois économiques
essentielles et des faits économiques fonda-
mentaux, leur fournirait le fil conducteur
nécessaire pour apprécier les phénomènes
sociaux, si complexes. Cette redoutable ignorance des vrais principes, greffée sur leur

misère ou leur gêne imméritée et entrant en contact avec leur instinct de la justice ou leur sens de l'idéal, les précipite dans un abîme de sophismes ou de sottises dont ils ne peuvent plus sortir avec leur seule bonne volonté.

Au cours d'un repas, le mécanicien soviétiste, lisant tout haut un passage d'article de journal, prononce le mot « jurisconsulte ». L'employé demande ce que cela veut dire. L'ouvrier le lui explique sans hésitation : « Un jurisconsulte, c'est un homme d'affaires « véreux. » Puis, lisant une rubrique du journal : « Le roi de Belgique décore le maréchal Foch », il s'exclame furieux : « Cela « me met hors de moi ! Je ne peux pas en « lire davantage ! Pourquoi le décore-t-il ? « Pourquoi ?... Parce qu'il a gagné la « guerre ?... » On dirait qu'un tel résultat l'exaspère. «... Ah ! reprend-il, ayant parcouru des yeux quelques lignes du journal ; « il le décore parce que Foch a collaboré au « traité militaire entre la France et la Bel- « gique... Le décorer pour ça ! Pour avoir « échangé des signatures dans des salons,

« après de bons dîners !... Ah ! là là !... Et
« des décorations qui rapportent !... » (C'est
faux.) «... Tandis que les pauvres poilus,
« leur croix de guerre ne leur rapporte
« rien... » Impossible de le calmer. Dès qu'il
débite les sottises apprises de son « Parti »,
cet homme semble avoir perdu toute luci-
dité d'esprit et tout sang-froid : la passion
obscurcit son jugement et il déraisonne avec
fureur. Quelques instants après : « Qui dit
« socialiste dit communiste, affirme-t-il. —
« Pardon ! tente de rectifier l'employé ; ce
« sont deux choses différentes. — Erreur !
« crie l'autre. Il est impossible d'être socia-
« liste sans être communiste ! C'est la même
« chose ! Je ne reproche à la Troisième Inter-
« nationale que d'être actuellement inappli-
« cable en France. — Pourquoi ? — Parce que
« le peuple est trop gourde ! — Vous avez
« beau dire et beau faire, reprend l'employé,
« quoi que vous proposiez, vous trouverez
« toujours des gens plus avancés et plus vio-
« lents que vous, pour lesquels vous ne serez
« que des réactionnaires. » A cela, le méca-

nicien ne répond rien. Mais il se met à dis-
serter sur le gouvernement issu des élections
de 1919 et qu'il ne cesse de qualifier, avec un
accent de dégoût, de « gouvernements de
blocards ». Il déclare que « le nom de Millerand » le rend furieux et que « ce cochon-là »
mérite tous les mépris.

Je n'ai point rencontré d'autre énergumène
que cet ouvrier-là et ses efforts de propagande restent vains : ils se heurtent à l'indifférence ou rencontrent une vive opposition.
D'une façon générale, tous ces ouvriers et
ouvrières paraissent fort calmes et désireux
par-dessus tout d'obtenir du travail suffisamment rémunéré, de gagner leur vie et de
produire. Ils se montrent courageux, actifs,
appliqués et surtout désireux d'ordre et de
paix. Cela est frappant, même dans la commune, réputée si révolutionnaire, de Saint-
Ouen.

Lorsqu'à l'atelier j'annonce mon départ, ce
sont les échanges de phrases coutumières :

« Alors, vous nous quittez ?... C'est vrai ?...
« Enfin ! si c'est votre avantage... Sûrement,
« ici, il faudrait être mieux payé... Nous re-
« grettons... »

Leur bonne camaraderie ne se dément pas,
jusqu'au dernier moment.

Le calme actuel des ouvriers — auquel des
chômages prolongés mettraient promptement
fin — s'explique partiellement par l'échec des
complots révolutionnaires au cours de 1919
et au début de 1920, et par la répression de
l'agitation bolcheviste du printemps de 1920.
Certainement, chez un grand nombre de travailleurs, continue de dominer, tout au fond
d'eux-mêmes, l'idée générale, et d'ailleurs
juste, de la transformation nécessaire d'une
société qui ne leur fait qu'une si maigre part
dans ses richesses. Et leurs esprits restent
prompts à admettre qu'il est légitime et nécessaire de se porter à la violence. Les revire-
ments brusques et les solutions extrêmes sont
toujours susceptibles, les uns de se produire
et les autres d'être appliquées, à la grande
surprise des optimistes. Il y suffit de circons-

tances qui rendent plus difficile la vie de l'ouvrier, de faits politiques exploitables par les agitateurs de métier et d'un regain d'activité de propagandistes bien munis d'argent.

Il n'en paraît pas moins évident qu'à l'heure actuelle la masse ouvrière reste réfractaire aux excitations révolutionnaires. La Confédération générale du Travail s'en rend bien compte ; le nombre de ses syndiqués s'est considérablement réduit. A la cantine, le mécanicien soviétiste se plaint de l'inertie des salariés qui se désintéressent de la politique pour ne s'occuper que de gagner leur vie. *L'Humanité* déplore cette indifférence et cette passivité. Et sans doute aussi y a-t-il autre chose qu'indifférence et passivité : l'ouvrier français a pris conscience des difficultés de l'heure présente, des périls extérieurs qui menacent, de la nécessité de l'ordre et de la paix : son sens droit, ses qualités naturelles de jugement et de claire raison remportent sur la sottise intéressée, perfide et criminelle, la victoire.

§ 3. — LA VIE DU QUARTIER

Mon logis est toujours calme. Cette petite cité qui compte plus de cent habitants repose dans le silence; ses hôtes très sages n'en troublent point la quiétude; je ne les connais, ni pour les entendre, ni pour les voir; ils passent, rapides, et s'enferment chez eux. Une seule fois, un samedi soir, une famille, qui occupe une des chambres, avait invité des parents; et ils sont restés attablés jusqu'à dix heures, chacun chantant sa chanson ou récitant un monologue; puis, ils se sont séparés après avoir entonné l'*Internationale.*

Dans le débit de mon logeur, toujours très achalandé, fréquentent beaucoup d'ouvriers appartenant à des métiers inférieurs ou mal définis : terrassiers, charbonniers ou manœuvres travaillant aux abords des gares, chiffonniers ou habitants de la zone des fortifications. Un soir, je vois entrer un gamin de treize à quatorze ans, accompagné de deux filles de son âge, tous vêtus de loques; il leur offre un apéritif et solde la dépense, deux francs dix centimes ; les visages sont barbouillés de crasse, la chevelure est en désordre, et tout cela sent à la fois le vice et la misère. Un matin, un ouvrier paie le café qu'il vient de prendre sur le comptoir ; il allonge un billet, disant : « Voilà une République... boche. »

La plaine que j'habite offre aux regards de larges et interminables avenues bordées de maisons basses, avec, çà et là, de hauts bâtiments neufs ; puis, des chantiers, des usines, des voies ferrées, des jardins maraîchers, des espaces vides et, tout à coup, des groupes de maisons à six étages serrées dans quelques rues. Sur les chaussées des boulevards, à certaines heures, défilent sans cesse des voitures de livraison, des camions, des autos poussiéreuses, des tramways. Les boutiques des petits détaillants sont nombreuses, les débits innombrables, plus denses aux abords des usines et pompant sans relâche l'argent du prolétaire. Partout, une population grise de journaliers, manœuvres, salariés de toute espèce, de femmes en cheveux, d'enfants — la multitude qui peine tous les jours qu'elle doit vivre; et partout, des horizons de banlieue, fades, monotones, sans relief, sans couleur et sans joie, avec l'animation laborieuse des matins, l'abandon des après-midi, la solitude du soir.

Les débits du quartier s'emplissent, le matin, un peu avant que ne commence le travail, le soir à la sortie des ateliers, et sont un peu fréquentés après le dîner jusque vers dix heures. Aux abords de l'usine, les cabarets débordent de monde, aux heures d'entrée et de sortie des ouvriers : par groupes, des camarades viennent rapidement consommer un apéritif, un verre de vin ou un café.

Beaucoup de débits sont en même temps des restaurants. La servante du débit-restaurant où j'ai coutume de me rendre est une jeune blonde aux yeux de pervenche et aux traits délicats; mais sa voix est rude, les gros mots sonnent dans sa bouche, et la voilà qui

« s'emporte, engueulant les curés de Clichy et
« de Saint-Ouen... et puis tous les curés... »
Elle interpelle les habitués : « La Bistrouille,
« une soupe ?... Mimi, une saucisse ? ... Et
« pour Poupoule ?... » Un jeune ouvrier lit *Le
Merle blanc*, puis le passe à son voisin.
Deux autres, à mines d'escarpes, boivent au
comptoir et, à peine partis, sont remplacés
par deux filles, très jeunes, échevelées et
dépoitraillées, qui descendent de l'étage du
garni et promènent sur les dîneurs des regards
étincelants d'impudeur. Un dimanche, je lis
au menu écrit à la craie sur une ardoise suspendue au-dessus du comptoir : « rôti de
veau, un franc quatre-vingt-dix centimes ;
canard aux petits pois, deux francs vingt-
cinq centimes ». Derrière moi, deux ouvriers
demandent du canard. Devant moi, six autres
les imitent. Trois jeunes employés — d'une
vingtaine d'années — s'offrent le luxe d'un
superbe poulet que le patron a fait rôtir pour
eux seuls et qu'ils dévorent intégralement.
A côté de moi, les mangeurs de canard se
plaignent de la vie chère : « Et elle va le

« devenir plus encore ! » glapit une vieille
femme ; « pour ceux qui n'ont pas d'en-
« fants, ça peut encore marcher ; mais ceux
« qui ont des enfants ne peuvent plus vivre.»
Un lundi soir, une demi-douzaine de terrassiers viennent s'abreuver au comptoir ; deux
d'entre eux gardent mal leur équilibre et ont
peine à tenir les yeux ouverts. Un autre soir,
la salle est envahie par des maçons, terrassiers et manœuvres aux vieux habits de travail fatigués, élimés, salis ; le velours, drap
ou coutil est fripé, boueux ou poussiéreux,
les chaussures sont éculées, les casquettes
crasseuses, les visages creusés par dix à
trente ans de dur labeur sous la pluie, le
vent, le soleil, salis par le travail du jour, les
mains mal lavées, les ongles noirs. On n'entend dans la salle qu'un murmure de voix,
avec, de-ci de-là, quelques gros éclats. Mon
voisin, un jeune ouvrier, dit à un camarade :
« L'autre soir, je suis allé chez le coiffeur, à
« côté, me faire couper les *tifs*, me faire
« raser, recevoir un shampooing et une fric-
« tion. J'en ai pour trois francs cinquante ».

La distraction offerte à cette population est, comme partout ailleurs, le cinéma. Parfois, ils franchissent la zone et la porte de Clichy pour se rendre, à son voisinage immédiat, à un ciné dont la nombreuse assistance fait contraste, par sa turbulence, avec la sagesse des spectateurs des cinés dans les XIII⁰ et XIV⁰ arrondissements. Et quels gens ! Près de moi, une bande de sept à huit gamins, de douze à quinze ans, échappés des gourbis des fortifs, accompagnent une gamine de leur âge dont ils s'amusent successivement lorsque l'obscurité règne ; la lumière se fait-elle, ils se montrent bruyants, insolents, se bousculent et se disputent, et les grands prennent plaisir à distribuer aux petits des taloches ; vêtus de loques, ils montrent des visages pâles et maigris, creusés par les privations et les vices, marqués de tares héréditaires.

Mais Saint-Ouen possède la vaste salle de l'Alhambra, qui compte dix-sept cents places, toutes occupées, ou à de rares exceptions près, le dimanche soir. L'assistance est exclusivement ouvrière. Le spectacle cinématographique est honnête, comme il semble qu'il soit assez généralement dans la période que nous traversons. Ce qui domine parmi les spectateurs, ce sont les jeunes gens : on voit un multitude de casquettes sur des têtes de dix-huit à vingt-cinq ans ; puis, des enfants, des hommes, des familles. Les places des premières et des secondes sont toutes occupées bien avant le début du spectacle, alors qu'il en reste la moitié de vides aux troisièmes qui ne reçoivent de clients que fort tardivement, et elles coûtent déjà un franc cinquante centimes. Ainsi que dans les cinés déjà étudiés et contrairement à ce qui se passe au théâtre, le public, empoigné par les scènes qui se pressent, ne reste pas en retard sur la marche du film ; fouetté par la brutalité et la rapidité des images, il en accompagne la succession qu'il comprend aussitôt ; son attention, toujours secouée et surexcitée, absorbe immédiatement le récit substantiel et concentré qui fait violence à sa rétine. Les programmes explicatifs ont à peu près complètement disparu ; on n'en voit plus que très exceptionnellement, comme la dernière survivance d'une vieille habitude qui meurt.

A la paroisse, le dimanche, les messes matinales réunissent de cent cinquante à trois cents personnes. A la messe de onze heures, j'en ai compté de six à sept cents, dont un bon tiers d'hommes. Les différentes messes du dimanche peuvent grouper deux mille cinq cents fidèles.

L'automne s'avance : des pluies glaciales se succèdent, puis des journées sèches mais fraîches, avec des matinées et des soirées très froides, chargées de brumes pénétrantes. Alors apparaît plus lamentable la banlieue, plus triste cette vie d'usine, plus dure et plus pénible avec les logis mal clos, sans lumière et sans feu. Ma chambre ouvrant directement sur le balcon sans clôture, je sens davantage le froid extérieur y pénétrer, et elle m'est inhospitalière quand j'y rentre à la nuit. Le lit s'offre comme un refuge et, dès qu'au matin je le quitte, frissonnant, j'ai hâte de regagner l'atelier bien clos et un peu chauffé déjà.

CONCLUSION

____

Les observations recueillies au cours de
cette enquête sur les ouvriers de Paris nous
permettent de discerner les traits caracté-
ristiques de leur existence matérielle et morale : la rudesse et la grossièreté du cadre où
se succèdent les épisodes et les détails de
leur travail et de leur vie privée, les avantages
que la journée de huit heures et les hauts
salaires leur assurent, leur sobriété actuelle,
leurs distractions, leurs sentiments, leurs
idées et les sources où ils les puisent, les
influences dont ils sont prisonniers, les aban-
dons dont ils souffrent, les problèmes dont
ils attendent encore les solutions.

Les lavabos et vestiaires de deux des usines
étudiées et, d'une façon générale, l'habitation
ouvrière de Paris et de la banlieue portent la
marque du mépris profond professé par les

capitalistes pour l'hygiène et le confortable élémentaires, indispensables au travailleur. Cette constatation, vieille comme notre régime de la grande industrie, demeure sa honte. Avec beaucoup plus d'exactitude et de justice que La Bruyère parlant du paysan de son temps, nous pourrions décrire les ouvriers modernes ainsi que des « animaux farouches… noirs… » qui « se retirent la nuit dans des tanières. » Dans la seconde usine, l'amélioration des conditions de travail est en voie de réalisation. Dans la dernière, elle est même réalisée. Mais il s'agit là d'efforts individuels et isolés que, seule, la prospérité d'une entreprise particulière rend possible. Leur généralisation et la permanence de leurs efforts ne peuvent être dues qu'à l'activité de corps professionnels fortement organisés et se gouvernant eux-mêmes pour le bien de leurs membres.

. La place des femmes mariées est au foyer domestique. On les trouve cependant encore travaillant à l'usine. Elles en souffrent. Mères de famille, laborieuses et dignes de tous les égards, elles subissent l'usine sous l'étreinte de la nécessité et elles en gémissent. Mais il leur faut vivre et faire vivre leurs enfants. Et les patrons les embauchent parce qu'ils ont besoin de bras et que la guerre a détruit beaucoup d'hommes.

La journée de huit heures et les salaires accrus sont un double bienfait qui permet à l'ouvrier, s'il le veut, de vivre d'une vie d'homme et non plus de brute. L'emploi utile de l'argent disponible et du temps libre dépend de l'organisation professionnelle et de l'influence prédominante de certains principes directeurs de l'activité morale. L'absence de toute organisation de métier et la méconnaissance de ces principes ne peuvent qu'amener le résultat que nous constatons généralement: le gaspillage de l'argent et du temps, l'argent dissipé dans l'instant qui passe, la vie pour le plaisir immédiat dans le présent fugitif. Il eût été, d'autre part, désirable que la production fût accrue au cours des années qui ont suivi immédiatement la paix. Mais cette question pratique d'opportunité passagère laisse intacte celle de la nécessité de la réduction normale de la journée ouvrière à un maximum de huit heures. D'ailleurs, en fait, si nécessité il y a, des heures supplémentaires sont demandées à la bonne volonté des ouvriers qui s'y prêtent en général avec empressement. En outre, l'application des règles de l'organisation du travail industriel, étudiées et définies par M. J. Wilbois et ses collaborateurs de l'école de la Science sociale fondée par Le Play, l'abbé de Tourville et Demolins, permettrait d'obtenir avec la journée actuelle de huit heures un rendement supérieur à celui qui était autrefois fourni en dix heures.

L'augmentation du coût de la vie, dans la mesure où elle est produite par la journée réduite et le salaire accru, n'entraîne qu'une perturbation passagère dont souffre seule, à ce moment de transition, la fortune acquise, c'est-à-dire un très petit nombre de personnes par rapport à la multitude qui en retire un bénéfice considérable. Il se reconstitue aussitôt de nouvelles fortunes en rapport avec le nouvel état de choses et l'équilibre général est vite rétabli. Au surplus, ces changements dans la valeur relative des fortunes sont assez fréquents au cours de l'histoire et découlent de causes autres que l'élévation des salaires et autrement perturbatrices : inventions industrielles, découvertes géographiques et mise en valeur des pays neufs, guerres et révolutions. Le grand bouleversement que nous constatons dans l'équilibre des fortunes dépend, comme l'élévation des salaires et la journée de huit heures, de la guerre européenne, et même intercontinentale, qui a duré près de cinq ans. Par contre, de ce changement dans la durée de son travail et le taux des salaires, l'ouvrier a parfois tiré quelque profit. Payant plus cher, mais parfois aussi payé proportionnellement plus cher, il lui est ainsi arrivé d'y trouver son avantage, car, s'il recevait plus d'argent pour le nécessaire, il en recevait également davantage pour le superflu. Le véritable problème, posé de façon permanente par l'accroissement des ressources de temps ou d'argent, est celui de leur emploi raisonnable et moral. L'organisation professionnelle des ouvriers, le gouvernement et la vie du corps de métier, la formation d'une fortune collective ouvrière exerceraient à ce point de vue une influence extrêmement bienfaisante.

Les difficultés matérielles de la vie, dont beaucoup de bourgeois se plaignent avec raison, ne sont pas, d'ailleurs, sans se faire également sentir aux familles ouvrières. Ces difficultés ont rendu nécessaire une certaine économie dans les dépenses du cabaret et dans l'usage du vin aux repas : l'ouvrier met de l'eau dans son vin. Il s'impose certaines privations. Il est devenu sobre. Les seuls et très exceptionnels cas d'ébriété que j'ai constatés sont à peu près exclusivement le fait d'ouvriers du bâtiment qui ont continué de pratiquer le culte laïque du lundi. Le surcroît de ressources que l'élévation des salaires a procuré à l'ouvrier paraît avoir plutôt servi à améliorer son vêtement et augmenter la somme de ses distractions. L'ouvrier est généralement mieux vêtu qu'autrefois ; et c'est un bien. Il s'offre davantage de plaisirs : et ce n'est un mal que s'il ne sait pas les choisir. Ici, intervient le problème de l'éducation; et la société moderne l'a obscurci, loin de le résoudre. Si la famille ouvrière peut faire difficilement face à ses charges, l'ouvrier isolé et le ménage sans enfants connaissent une certaine aisance.

Mon salaire de manœuvre étant triplé, la marge d'argent de poche qu'il me laisse est également triplée; elle devient assez considérable pour l'ouvrier à gros salaire et, à plus forte raison, lorsqu'en l'absence de charges de famille sa femme travaille en usine ou exerce quelque emploi. De là, certaines dépenses somptuaires, si fréquentes au cours de la période 1916-1920 (1) que caractérisaient

---

1. Rue Lepic, on vendait aux éventaires des bas de soie à vingt francs. Avenue Saint-Ouen, à Paris, sous un porche, se tenait un revendeur de fourrures dont la clientèle se composait d'ouvrières du quartier : ses fourrures coûtaient jusqu'à deux cent quarante francs. Dans la même avenue, une bourgeoise demande à une marchande de volailles le prix d'un poulet. « Dix-neuf « francs soixante-quinze. — C'est trop cher pour moi ». Pendant qu'elle s'éloigne, une femme du peuple, s'adressant à la marchande, s'écrie : « Si c'est pas malheureux

l'intensité de la production industrielle et les prix exceptionnels payés à tous les collaborateurs de la production.

Enfin, nous avons constaté que les principaux inspirateurs de la conscience ouvrière étaient, moins qu'autrefois, le théâtre et le café-concert, autant qu'autrefois, les journaux, mais surtout, aujourd'hui, le cinématographe. En général, et dans la mesure où nous l'avons observé, ce spectacle à la mode ne semble pas positivement nocif ; mais il peut toujours le devenir et quelques-unes de ses tendances (1) autorisent à redouter cet effet ; il

« de voir les demi-mondaines en chapeaux marchander « un poulet. Tenez ! je vous le prends, moi !... » A une autre boutique de volailles et gibier, une bourgeoise demande le prix d'un perdreau. La commerçante, habituée aux façons de sa clientèle populaire, réplique : « Ici, « on achète d'abord ; on demande le prix ensuite. » Dans un tramway qui parcourt l'avenue Saint-Ouen, à Paris, deux femmes d'ouvriers parlent avec animation. L'une d'elles expose qu'elle gagne dix-neuf francs par jour et son mari trente-deux francs ; il entre cinquante et un francs par jour dans la maison, plus de quinze mille francs par an. « Tout cela passe à la gueule. Ah ! on « s'en met ! — Et vos enfants ? — Je les ai envoyés en « nourrice, à la campagne, chez ma mère, pour trente « francs par mois. Comme ça, on est libre. »

1. Dans un cinéma du quartier populeux de la gare

reste un instrument d'action d'une très grande puissance et dont pourront faire usage, à leur heure et comme il leur plaira, les Sociétés d'édition de films ou d'exploitation de cinémas et surtout les financiers qui les commanditent et s'efforcent d'en réaliser le trust.

L'état d'esprit des ouvriers de Paris conserve un pâle reflet du vieil anticléricalisme et reste parfois encore imprégné dans son fond de l'illusion révolutionnaire. La guerre a tellement bouleversé l'atmosphère politique qu'il ne demeure plus, de l'anticléricalisme, que des traces témoignant d'une survivance fort légère (1). Quant aux efforts tentés au

de Lyon, où 2.500 places sont occupées par des familles ouvrières, M. Urbain Gohier voit, « entre deux films, « une exhibition de chiens savants. Quel tour font-ils ? « *Ils disent la messe*, une messe de mariage ; un chien « habillé en prêtre, assisté d'un chien habillé en enfant « de chœur, dans une église, dit la messe et donne la « bénédiction nuptiale à un couple de chiens qu'escorte « une famille de chiens. L'assistance pouffe de rire... « Traitez de la même façon le culte et les prêtres de « la Juiverie, vous entendrez les hurlements ! Et les « kamarades libres-penseurs vous assommeront pour « vous enseigner la tolérance. Mais pourquoi les catho-« liques sont-ils si couards ? » (*La Vieille France*, 3 février 1921).

1. Un grand patron de Roubaix, qui vit très près de

cours de la guerre et depuis l'armistice pour déchaîner une Révolution, ils sont demeurés vains.

Les propagandistes révolutionnaires, loin de trouver bon accueil auprès de leurs camarades d'atelier, se heurtent à leur indifférence ou souvent même à leur résistance réfléchie et énergique. Des ouvriers les combattent ouvertement et efficacement, parlent haut et se font écouter. La multitude ouvrière, déçue dans les espérances puériles ou folles dont elle s'était nourrie, échappe aux meneurs ; elle attend des chefs qui l'organisent et lui assurent, avec la sécurité et l'aisance auxquelles elle aspire, la place qui lui revient dans une société ordonnée et que les paysans y ont conquise.

Certes, l'esprit anti-clérical et l'esprit

ses ouvriers, et le curé d'un centre minier du Nord, qui vit depuis vingt ans au milieu des mineurs, ont également constaté : — que l'anticléricalisme actif a disparu, faisant place à de l'indifférence parfois teintée de bienveillance ; — que les cabarets sont désertés et les ivrognes devenus très rares ; — que la passion révolutionnaire s'est éteinte, faisant place au désir de travailler et de gagner en paix sa vie.

révolutionnaire pourront toujours renaître sous l'influence d'une campagne de presse et de réunions publiques. Des chômages prolongés, les hauts prix des produits de première nécessité et la réduction des salaires, l'aggravation de la situation financière et les difficultés internationales en précipiteraient le retour.

Mais il n'en demeure pas moins actuellement acquis que, sous l'influence de la répression des menées révolutionnaires aux environs du premier mai 1920, le découragement a gagné leurs auteurs, les rangs des militants se sont éclaircis, leurs troupes se sont dispersées. L'Allemagne était le levier ; la Russie, son point d'appui. Mais la France reste la Victorieuse et le bolchevisme russe descend dans un si effroyable abîme que les ouvriers français, en dépit du silence complice ou des audacieux mensonges des journaux qu'ils lisent, ont fini par en connaître et en redouter l'horreur. Les salariés commencent également à comprendre qu'on ne leur propose sans relâche des utopies séduisantes que pour les détourner des solutions positives : le travail rémunérateur, la paix dans l'ordre social, le syndicalisme constructeur, les franchises des corps de métier, la constitution d'une fortune collective (1) les garantissant contre la précarité de leur existence, le capitalisme ouvrier substituant à la servitude dans la pauvreté la liberté dans l'aisance. En outre, les salariés éprouvent le sentiment confus de la subordination des problèmes ouvriers aux vastes problèmes économiques que la guerre, en s'achevant, a posés, et dont la solution est elle-même suspendue à la politique intérieure et extérieure des Etats. Enfin, s'ils faisaient effort pour scruter plus profondément les causes de ces difficultés, ils se convaincraient que nous ne les résoudrons jamais si, en

---

1. « Cent fois, dans mes tournées parmi la classe ou-
« vrière, j'ai répété et démontré aux ouvriers qu'ils
« seraient depuis longtemps les actionnaires, c'est-à-
« dire les propriétaires et les maîtres, de toutes les
« usines, *s'ils avaient employé à l'achat des actions les*
« *milliards qu'ils ont portés chez le marchand de vin.* »
(Urbain Gohier, *La Vieille France*, n° 169, 22 avril 1920,
p. 1 et 2.)

dernière analyse, nous ne remontons jusqu'à
ce divin Evangile qui a donné au monde
la loi de justice et, plus que la justice,
l'amour.

TABLE DES MATIÈRES

IMP. JOUVE & Cie, 15, RUE RACINE, PARIS — 5281-21